ஐ

Verdi:
Il Trovatore

Opera en Cuatro Partes

ஐ

Traducción al Español y Comentarios
por E. Enrique Prado

ஐ

Libreto de
Salvatore Cammarano

Jugum Press

ꟿ

Primera edición impresa: Octubre de 2016
ISBN-13: 978-1-939423-54-2
ISBN-10: 1-939423-54-6

Estudio de Compositor Giuseppe Verdi
de Wikimedia Commons – en.wikipedia.org
(en el dominio público en los Estados Unidos y otros países)

Imagen de portada por Daniel Lafranca: "Visión general desde la cumbre del Molino"
https://commons.wikimedia.org/wiki/File:Visi%C3%B3n_general_del_castillo.jpg
CC BY-SA 3.0 (http://creativecommons.org/licenses/by-sa/3.0
de Wikimedia Commons

Impreso en los Estados Unidos de América
Publicado por Jugum Press
www.jugumpress.com

Edición y diseño:
Annie Pearson, Jugum Press
Consultas y correspondencia:
jugumpress@outlook.com

ꙮ

Índice

Prefacio ꙮ Il Trovatore 5

Sinopsis ꙮ Il Trovatore 7

Reparto ꙮ Il Trovatore 11

Primera Parte *El Duelo* 13

Segundo Parte *La Gitana* 25

Tercera Parte *El Hijo de la Gitana* 43

Cuarta Parte *El Suplicio* 55

Biografía de Giuseppe Verdi 73

Acerca de Estas Traducciones 75

Jugum Press y Ópera en Español 76

Prefacio ꝏ Il Trovatore

Il Trovatore es la Obra número 17 escrita por Giuseppe Verdi (1813–1901) Salvatore Cammarano (1801–1852) es el autor del libreto, basado en la obra española "El Trovador" de Antonio Garcia Gutiérrez. La primera representación tuvo lugar el 19 de Enero de 1853 en el Teatro Apollo de Roma, en Londres se estrenó el 10 de Mayo de 1855 y en USA el 2 de Mayo de 1855, en New York.

Esta ópera fue escrita después de *Rigoletto* y antes de *La Traviata* y juntas forman la "Trilogia de Verdi" Cammarano murió antes de terminar de escribir el libreto el cual fue completado por Leone Emmanuele Bardare.

Il Trovatore es una de las óperas obscuras de Verdi, quizás la más sombría y la más pesimista. Comienza en un salón del palacio de Aliaferia, cuando Ferrando cuenta una historia de horror.

Esta historia no solo proporciona los antecedentes de la obra sino que también sirve como introducción emocional a la trama.

La ópera es una tragedia de gitanos, venganza y muerte. Muchas de las escenas son nocturnas o en interiores. En la obscuridad de *Il Trovatore*, los fuegos son importantes: la pira preparada para la ejecución de Azucena es crucial en la historia como también loes la pira que mató a su madre y a su hijo. La escena cambia de una parte a otra de España, como Azucena le dice al Conde: "Es costumbre gitana viajar de un lado a otro sin un plan previo... el ancho mundo es nuestra patria."

Il Trovatore está llena de contrastes: los gitanos alternan con soldados, un alegre coro precede a una escena de gran intensidad dramática, cuando Azucena y su mortal enemigo el Conde, se enfrentan después de años de jurar recíproca venganza. Contraste existe cuando la serenidad de claustro, es interrumpida por el ruido del choque de las armas y la explosión de emociones terrenales, y al final la terrible prisión en donde se encierran las más tiernas expresiones de amor filial y los actos del más grande heroísmo y auto sacrificio.

Según muchos de los biógrafos de Verdi, *Il Trovatore* fue escrito en el lapso de un mes, Noviembre de 1852. No es necesario decir que él ya tenía en su mente el libreto y la música cuando se sentó a trabajar en su escritorio. La obra fue terminada el 14 de Diciembre de 1852 y estrenada en el Teatro Apollo de Roma en 19 de Enero de 1853.

El Teatro Apollo ya no existe, una estela de mármol se encuentra en la Lungotevre Tor di Nona señalando su lugar a la orilla del rio Tíber. El teatro fue demolido a finales del siglo pasado cuando fueron construidos los muros al rio para proteger a la ciudad de las inundaciones. En la noche del estreno, hubo una inundación en ese sitio, a pesar de lo cual los tumultos de espectadores llenaron el teatro a su máxima capacidad sin importarles que los precios fueron elevados considerablemente, e *Il Trovatore* triunfó glamorosamente.

Un periódico publicó al siguiente día: "El compositor ha escrito música en un nuevo estilo, lleno de características castellanas. El público escuchó con gran atención cada pasaje, rompiendo en estruendosos aplausos en los intervalos. El final de la tercera parte y toda la cuarta levantaron tal entusiasmo que fueron repetidas en su totalidad."

Es curioso el hecho de que Verdi siempre estuvo fascinado por España, país que nunca conoció. De la literatura hispana, o de otras literaturas con temas españoles él obtuvo la inspiración para la creación de parte de sus óperas, comenzando con *Ernani*, luego *Don Carlos* y *La Forza del Destino*.

Traducción y comentarios por
E. Enrique Prado Alcalá
Tepoztlán, Marzo de 1998

ꕥ

Sinopsis ꕥ Il Trovatore

Los eventos de la ópera tienen lugar a principio del siglo quince en España, durante la revuelta en contra del Rey de Aragón por el Conde Urgel de Vizcaya. Al mando del ejército del Rey en Zaragoza está el Conde de Luna. Años atrás cuando el Conde era un niño, una gitana fue descubierta cerca de la cuna de su hermano, Garcia. Los sirvientes alejaron a la vieja, pero el niño gradualmente cayó enfermo. Su padre buscó a la gitana, acusándola de brujería y al encontrarla la ejecutó en la hoguera. En revancha, la hija de la gitana, secuestró al infante e intentó arrojarlo a las llamas de la pira en donde su madre fue sacrificada. En su loco frenesí ella arrojó a las llamas a su propio hijo y adoptó a Garcia como hijo suyo.

PRIMERA PARTE

ESCENA I. En un salón del palacio de Aliaferia en Zaragoza, algunos soldados somnolientos montan guardia en los apartamentos del Conde de Luna. El capitán Ferrando, explica que el Conde, se pasa la noche vigilando el balcón de su dama, ya que tiene como rival a un trovador cuyas serenatas se escuchan cada noche en los jardines del palacio. El continúa narrando a los soldados la historia del secuestro de Garcia y como aun cuando se supone que murió en la pira, su padre cree que aún vive.

ESCENA II. Leonora, una dama de la corte y su confidente Inés, en los jardines del palacio, es tarde en la noche y Leonora trata de ver al misterioso trovador. Ella admite ante Inés, que se encuentra enamorada del trovador a quien vio por primera vez en un torneo de caballeros antes de que la guerra civil comenzara. Ambas da más regresan a sus aposentos, aparece el Conde de Luna y las sigue entonces se escucha el canto del trovador y Leonora baja corriendo a encontrarse con él y en la obscuridad confunde al Conde con el trovador. Cuando el trovador sale de su escondite, Leonora le pide disculpas por su error, el Conde exige conocer al intruso quien se identifica como Manrico, un miembro de la facción que se opone al Rey. El Conde lo reta a duelo, Leonora se desmaya mientras los dos hombres salen a pelear.

SEGUNDA PARTE

ESCENA I. Un campamento de gitanos al pie de una montaña en Vizcaya. Con ellos está Manrico y su madre Azucena. Al amanecer los gitanos comienzan a trabajar en sus yunques y Azucena canta una balada referente a la quema de la vieja gitana. Cuando los demás van en busca de alimento, Manrico pregunta a su madre si la balada que cantó cuenta la verdad. Ella le cuenta toda la historia de cómo su madre fue ejecutada y como cuando clamó por venganza, Azucena, secuestró al hermano del Conde de Luna. Ella le cuenta que fue su propio hijo a quién quemó, pero cuando Manrico la cuestiona acerca de esto, ella se contradice y aclara que estaba confusa.

Manrico le dice que en su duelo con el Conde de Luna, él se vio misteriosamente impelido a perdonarle la vida.

Azucena le recuerda que el Conde no va a actuar tan magnánimamente en una pelea subsecuente y le pide que vengue la muerte de su madre.

Llega un mensaje diciendo que las fuerzas de Urgel han tomado Castellor y que él debe defenderlo. Leonora creyendo que Manrico ha muerto está decidida a entrar a un convento en Castellor.

Manrico parte rumbo a Castellor.

ESCENA II. Es de noche y el Conde y sus hombres descansan en el convento en donde Leonora está por llegar. Cuando ella aparece con Inés, el Conde corre y la apresa, aparece Manrico y la libera, sus hombres dominan a los del Conde y él lleva a Leonora a lugar seguro.

TERCERA PARTE

ESCENA I. El Conde y sus hombres, han acampado afuera de Castellor. Sus espias han descubierto a Azucena vagando cerca de ahí y la traen al campamento para interrogarla.

Ferrando la reconoce como la gitana que raptó a Garcia, y cuando ella admite ser la madre de Manrico, el Conde ve la oporto. Nidada de vengar la muerte de su hermano.

ESCENA II. En Castellor. Manrico y Leonora esperan afuera de la capilla en donde serán casados. Ruiz uno de los hombres de Manrico llega con la noticia de la captura de Azucena, inmediatamente Manrico llama a sus hombres a las armas para ir al rescate de su madre.

CUARTA PARTE

ESCENA I. Manrico falla en su intento, cae prisionero y es sentenciado a muerte en el palacio de Aliaferia. Por la noche Ruiz guía a Leonora hasta la torre en donde se encuentra Manrico.

Aparece el Conde y dicta las órdenes para las ejecuciones de Manrico y Azucena a la mañana siguiente. Leonora se le aproxima y se le ofrece a cambio de la libertad de Manrico. El acepta y ella pide se le permita ir con Manrico para avisarle de que es libre.

Ella lleva veneno escondido en su anillo y lo toma antes de ir a la prisión.

ESCENA II. Azucena y Manrico están en la misma celda. Ella teme ser ejecutada en la hoguera, su hijo trata de reconfortarla recordándole los felices días en las montañas. Llega Leonora a informar a Manrico que ya es libre, pero que partirá solo. Cuando él se da cuenta de cómo Leonora obtuvo su libertad, la rechaza, pero el veneno ya ha hecho su efecto y Leonora muere. Llega el Conde y ordena la inmediata ejecución de Manrico. Después lleva a Azucena hasta una ventana para que sea testigo de la muerte de su hijo que es decapitado. Azucena entonces le dice al Conde que Manrico era su hermano.

FIN

℘

Reparto ℘ Il Trovatore

El CONDE DI LUNA, en el servicio de la corte de Aragón – barítono

LEONORA, una noble dama de honor en la corte de Aragón – soprano

AZUCENA, una anciana gitana de Vizcaya – mezzosoprano

MANRICO, un oficial del ejército rebelde del Conde de Urgel, se cree que el hijo de Azucena y trovador – tenor

FERRANDO, capitán de la guardia en la corte aragonesa – bajo

INES, confidante de Leonora – soprano

RUIZ, un sold ado, seguidor de Manrico – tenor

UN GITANO – bajo

UN MENSAJERO – tenor

Compañeros de Leonora y la familia religiosa de Conde, y soldados, gitanos y gitanos

Ajuste: Aragón y las montañas de Vizcaya, en el siglo XV.

Libreto Il Trovatore

Primera Parte
El Duelo

Escena I.
El salón del Palacio de Aliaferia.
A un lado, una puerta que dá a los aposentos del Conde de Luna.
Ferrando y varios familiares del Conde acostados cerca de la puerta.
Hombres armados van y vienen ai fondo.

FERRANDO All'erta, all'erta! Il Conte N'è d'uopo attender vigilando Ed egli talor, preso i veroni della sua cara, intere passa le notti.	1.	¡Alerta, alerta! Al Conde esperamos vigilantes El pasa las largas horas de la noche debajo del balcón de su amada.
CORO DE FAMILIARES Gelosia le fiere Serpi gli avventa in petto.	2.	Los celos lo hieren como serpientes en el pecho.
FERRANDO Nel Trovator, che dai giardini move notturno il canto, d'un rivale a dritto ei teme.	3.	Teme al trovador que al jardín trae su nocturno canto.
FAMILIARES Dalle gravi palpebre il sonno a discacciar, la vera storia ci narra di Garcia germano al nostro Conte.	4.	Los párpados nos pesan de sueño, para despertar nárranos la verdadera historia de Garcia, hermano del Conde.

FERRANDO
La dirò.
Venite intorno a me.

5. La contaré.
Vengan en torno a mí.

SOLDADOS
Noi pure...

Acercándose
6. Nosotros también...

FAMILIARES
Udite, udite.

7. Oigan, oigan.

FERRANDO
Di due figli vivea padre beato
il buon Conte di Luna,
Fida nutrice del secondo nato
dormia presso la cuna,
sul romper dell'aurora un bel
mattino ella dischiude i rai,
E chi trova d'accanto a quel bambino?

8. ¿El buen Conde de Luna,
padre de dos hijos,
La fiel nodriza del segundo hijo,
dormía cerca de la cuna,
al romper la aurora, una bella
mañana, ella abre los ojos y a
quién encuentra al lado del niño?

Y SOLDADOS
Chi? ... Favella...
Chi? ... Chi mai?

9. ¿A quién? ... Dinos...
¿Quién era?

FERRANDO
Abbietta zingara, fosca vegliarda!
Cingeva i simboli di maliarda,
E sul fanciullo, con viso arcigno.
L'occhio affiggeva torvo sanguigno!
D'orror compresa è la nutrice
acuto un grido all'aura scioglie,
E fra minacce, urli è percosse
la rea discacciano ch'entrarvi osò.

10. ¡Una vieja gitana sombría!
¡Llevaba los símbolos
de la brujería y fijó sus enrojecidos
ojos sobre el niño!
La nodriza presa de horror,
emite un grito al aire,
y entre amenazas, y golpes
la bruja salió por donde entró.

FAMILIARES Y SOLDADOS
Giusto quei petti sdegno commosse
l'insana vecchia lo provocò.

11. Fue justo que se enojaran
la vieja insana los provocó.

FERRANDO
Asserì che tirar del fanciullino
l'oroscopo volea... Bugiarda! ...
Lenta febbre del meschino la salute struggea!
Coverto di pallor, languido, affranto.
Ei tremava la sera,
il dì traeva in lamentevol pianto...
Ammaliato egli era!

12. Ella dijo que solo quería decir
el horóscopo del niño... ¡Mentirosa!
Una lenta fiebre asaltó al bebé,
palideció languideció y se debilitó.
El temblaba en la noche
y en el día lloraba con lamentos...
¡Estaba embrujado!

FERRANDO
La fattucchiera perseguitata
fu presa è al rogo fu condannata.
Ma rimaneva la maledetta
figlia ministra di ria vendetta!
Compi quest'empia nefando eccesso!
Sparve il fanciullo è sì rivenne mal spenta
brace nei sito istesso
ov'arsa un giorno la strega venne...
è d'un bambino... Ahimè! ...
l'ossame bruciato a mezzo fumante ancor.

(continuó)
La bruja fue perseguida
hecha presa y condenada.
¡A la hoguera, pero dejó a su maldita
hija para instrumentar la venganza!
¡Esto trajo un horrible, crimen!
El bebé desapareció y en el mismo sitio
en donde la ruja fue
quemada, se encontraron...
los huesos... ¡De un bebé!...
a medio quemar aun humeantes.

FAMILIARES Y SOLDADOS
Ah, scellerata! Oh donna infame!
Del par m'investe odio ed orror!
E il padre?

13. ¡Ah, malvada! ¡Infame mujer!
¡Me hace sentir odio y horror!
¿Y el padre?

FERRANDO
Brevi è triste giorni visse:
Pure ignoto del cor presentimento
gli diceva, che spento non era il figlio,
ed a morir vicino,
bramò che il signor nostro
a lui giurasse di non cessar le indagini.
Ah, fûr vane!

14. Vivió breves y tristes días:
Un presentimiento del corazón
le decía que su hijo no estaba muerto,
y cuando estaba a punto
de morir le pidió al señor nuestro
que le jurase no cesar en la búsqueda.
¡Ah, todo en vano!

SOLDADOS
E di colei non s'ebbe contezza mai?

15. ¿Y de la bruja no se ha oído más?

FERRANDO
Nulla contezza... oh! Dato mi fosse
Rintracciarla un di!

16. ¡Nadal... oh! ¡Si me fuese dado
encontrarla un día!

FAMILIARES
Ma ravvisarla potresti?

17. ¿Pero podrías reconocerla?

FERRANDO
Calcolando gli anni trascorsi...
... lo potrei...

18. Calculando los años transcurridos...
... podría...

SOLDADOS
Sarebbe tempo
presso la madre all'inferno spedirla.

19. Es cosa de tiempo
mandarla al infierno cerca de su madre.

FERRANDO
All'inferno?
E credenza che dimori ancor nel
l'anima perduta dell'empia
strega, è quando il cielo è nero
in varie forme altrui si mostri.

20. ¿Al infierno?
Se cree que la alma pérdida de mondo,
la bruja impía aun anda en el
mundo y cuando el cielo está negro
ella se muestra en varias formas.

FAMILIARES
E vero! E vero!

21. ¡Es verdad! ¡Es verdad!

SOLDADOS
Sull'orlo dei tetti
alcun l'ha veduta!
In upupa o strige talora si muta.

22. ¡Alguien la ha visto encima
de los techos!
En lechuza a veces se convierte.

FAMILIARES
In corvo tal'altra
più spesso in civetta
sull'alba fuggente al par di saetta!

23. ¡También en cuervo
pero más seguido en lechuza
que como saeta vuela al alba!

FERRANDO
Mori di paura un servo del Conte,
che avea della zingara percossa la fronte!

24. ¡Murió de miedo un siervo del Conde,
que tocó la frente de la gitana!

FAMILIARES Y SOLDADOS
Ah, Mori!

25. ¡Murió!

FERRANDO
Mori di paura. Apparve a costui.
D'un gufo in sembianza,
nell'alta quiete di tacita stanza!

26. Murió de miedo.
¡Se le apareció de en forma búho
en la quietud de su estancia!

FAMILIARES Y SOLDADOS
D'un gufo!

27. ¡Un búho!

FERRANDO
Con occhio lucente guardava
il cielo attristando
d'un urlo feral!
Allor mezzanotte appunto suonava!

28. Con sus ojos encendidos lo miraba.
¡Luego llenó el cielo con
un triste y horrible chillido!
¡Entonces sonó la media noche!

Se escuchan las doce campanadas de la media noche.

TODOS
Ah, sia maledetta
la strega infernal!

29. ¡Ah, maldita sea
la bruja infernal!

Los familiares corren hacia. La puerta y los soldados hacia el fondo.

Escena II.
En los jardines del palacio.
A la derecha una escalera de marmol que lleva a las habitaciones.
Es media noche, las nubes cubren la luna.

INES

Che più t'arresti? ... L'ora è tarda, vieni:
Di te la regal donna chiese, l'udisti.

30. ¿Qué te detiene? ... Ven ya es tarde:
¿La real dama desea tu presencia entiendes?

LEONORA

Un'altra notte ancora senza vederlo!

31. ¡Otra noche sin verlo!

INES

Perigliosa fiamma tu nutri!
Oh come dove la primiera favilla
in te s'apprese?

32. ¡Tú nutres a una peligrosa flama!
¿Cómo y dónde la primera chispa
se encendió en ti?

LEONORA

Né tornei... M'apparve,
bruno le vesti ed il cimier,
Lo scudo bruno è di stemma ignudo,
sconosciuto guerrier, che dell'agone
gli onore ottenne...
Al vincitor sul crine il serto io posi ...
Civil guerra intanto arse...
Nol vidi più! ... Come d'aurato sogno.
Fuggente imago! Ed era volta
lunga stagion... ma poi...

33. En el torneo... apareció en negra
armadura y penacho negro,
El escudo negro y sin blasón,
desconocido guerrero, que ganó
los honores de la justa...
Al vencedor yo le puse la guirnalda...
la guerra civil mientras tanto arde...
No lo vi más... Como sueño dorado.
¡Imagen fugaz! Una larga estación
pasó... y después...

INES

Che avvenne?

34. ¿Qué pasará?

LEONORA

Ascolta.
Tacea la notte placida
è bella in ciel sereno,
la luna il viso argenteo
mostrava lieto è pieno...
Quando suonar per l'aere,
infino allor si muto,
dolci s'udirò e flebili
gli accordi d'un liuto.
E versi melanconici un Trovator cantò.

35. Escucha.
Era una noche plácida
bella con el cielo sereno
la luna mostraba su rostro plateado,
alegre y pleno...
Cuando en el aire tranquilo
se escucharon
los dulces acordes
des un laúd.
E un trovador cantó melancólicos versos.

LEONORA
Versi di prece ed umile
qual d'uom che prega Iddio,
in quella ripeteasi un nome...
il nome mio! ...
Corsi al veron sollecita...
egli era, egli era desso!
Gioia provai che agl'angeli
solo è provar concesso! ...
Al cor al guardo estatico
la terra un ciel sembrò.

(continuó)
¡Versos humildes de plegaria
de un hombre que ruega a Dios,
en ellos repetía un nombre...
el nombre mío! ...
Corrí al balcón solicita...
¡Era él, era él!
¡Sentí una alegría que solo a los ángeles
se les concede sentir! ...
Ante mi corazón, y ante mi mirada
estática la tierra me parecía el cielo.

INES
Quanto narrasti di turbamento
m'ha piena l'alma... io temo...

36. Todo lo que me has narrado
me turba el alma... yo temo...

LEONORA
Invano!

37. ¡Es en vano!

INES
Dubbio ma tristo presentimento
in me risveglia quest'uomo arcano!
Tenta obliarlo...

38. Ese hombre misterioso me
despierta un triste presentimiento.
Intenta olvidarlo...

LEONORA
Che dici? ... Or basti! ...

39. ¿Qué dices? ... ¡Basta! ...

INES
Cedi al consiglio dell'amistà.
Cedi!

40. Cede al consejo de la amistad.
¡Cede!

LEONORA
Obliarlo! ... Ah! ... Tu parlasti
detto, che intender l'alma non sa.
Di tale amor, che dirsi
mal può dalla parola,
d'amor che intendo io
sola il cor s'inebriò.
Il mio destino compiersi
non può che a lui dappresso...
s'io non vivrò per esso, morirò!
Ah, sì per esso morirò!

41. ¡Ah! ... Tú dijiste palabras
que el alma no sabe entender.
De ese amor poco dicen
las palabras, ese amor que solo
yo entiendo a embriagado
a mi corazón.
¡Si mi destino no se cumple
y no puedo vivir cerca de él
por eso moriré!
¡Si, por eso moriré!

INES		
Non debba mai pentirsi chi tanto un giorno amò.	42.	Que nunca te arrepientas de haber amado tanto.

Se retiran a sus aposentos.

CONDE		
Tace la notte! ... Immersa. Nel sonno è, certo, la regal Signora Ma veglia la sua dama!... Oh Leonora, tu desta sei... Mel dice da quel verone tremolante un raggio. Della notturna lampa... Ah, l'amorosa fiamma. M'arde ogni fibra! Ch'io ti vegga è d'uopo... Che tu m'intenda... Vengo... a noi supremo è tal momento.	43.	¡La noche es calmada! ... ¡La Real señora de seguro dure me pero la vela su dama!... Oh, Leonora, Tú estás despierta... Me lo dice la luz vacilante de su lámpara... Ah, la amorosa flama que hace arder todas mis fibras. Que yo te vea y después... Que tú me oigas... Yo vengo... A nuestro supremo momento.

Ciego de amor el va hacia la escalera, pero se detiene.

Il trovator! ... Io fremo! ...		¡El trovador! ... ¡Yo tiemblo! ...
MANRICO (EL TROVADOR)		
Deserto sulla terra, col rio destino in guerra è sola speme un cor, al Trovator!	44.	Solitario en la tierra, con cruel destino en la guerra y una sola esperanza en el corazón del Trovador.
CONDE		
Oh, detti! ... Io fremo!	45.	¡Esas palabras! ... ¡Yo tiemblo! ...
MANRICO		
Ma s'ei quel cor possiede bello di casta fede, ed ogni re maggior. Il Trovator!	46.	Pero el corazón del Trovador posee una bella y casta fe, mayor que la de un rey. ¡Conde!
CONDE		
Oh detti! ... Oh gelosia! ...	47.	¡Esas palabras! ... ¡Oh cuantos celos!

Al ver a Leonora, corriendo hacia. Él se envuelve en su capa.

Non m'inganno... Elia scende!		¡No me engaño ella desciende!

LEONORA
Anima mia!

48. ¡Amor mío!

CONDE Para si
Che far?

49. ¿Qué haré?

LEONORA
Più dell'usato è tarda l'ora,
io ne contai gl'istanti,
co' palpiti del core!
Alfin ti guida
pietoso amor fra queste braccia...

50. ¡Es muy tarde,
yo contaba los instantes,
con los latidos del corazón!
Al fin te guía
el piadoso amor a éstos brazos...

LA VOZ DEL TROVADOR
Infida!

51. ¡Infiel!

La luna aparece entre las nubes y revela a alguien con la cara cubierta.

LEONORA
Qual voce!

52. ¡Esa voz!

Se lanza a los pies de Manrico.

Ah, dalle tenebre
tratta in errore io fui!
A te credei rivolgere
l'accento, è non a lui...
a te che l'alma mia.
Sol chiede, sol desia...
Io t'amo, il giuro, t'amo.
D'immenso eterno amor!

¡Ah, en las tinieblas
cometí un error!
Creí que te hablaba ti
las palabras no eran para él...
sino para ti que eres mi alma.
Solo a ti quiero y te deseo...
Yo te amo, lo juro, te amo.
¡Con inmenso y eterno amor!

CONDE
Ed osi?

53. ¿Cómo te atreves?

MANRICO
Ah, più non bramo!

54. ¡Ya no dudo más!

CONDE
Avvampo di furor!

55. ¡Me quema la furia!

LEONORA
Io t'amo!

56. ¡Yo te amo!

MANRICO
Ah, più non bramo!

57. ¡Ya no dudo!

CONDE
Se un vil non sei, discovriti...

58. Si no eres un vil, descúbrete...

LEONORA
Ohimè!

59. ¡Cielos!

CONDE
Palesa il nome.

60. Revela tu nombre.

LEONORA
Deh, per pietà...

61. Por piedad...

MANRICO
Ravvisami, Manrico io son.

(Levantando la visera del yelmo)
62. Mírame, yo soy Manrico.

CONDE
Tu? Come?
Insano temerario!
D'Urgel seguace, a morte
proscritto, ardisci volgerti
a queste regie porte?

63. ¿Tu? ¿Como?
¡Loco temerario!
¿Secuaz de Urgel, condenado a muerte,
proscrito, te atreviste a volver
a éstas regias portales?

MANRICO
Che tardi?
Or via le guardie.
Appella ed il rivale
al ferro del carnefice consegna...

64. ¿Por qué te tardas?
Llama a la guardia.
Consigna a tu rival
al hacha del verdugo...

CONDE
Il tuo fatale istante assai più prossimo.
E dissennato! ... Vieni...

65. Tu instante fatal está muy próximo.
¡Está definido! ... Ven...

LEONORA
Conte!

66. ¡Conde!

CONDE
Al mio sdegno vittima
è d'uopo ch'io ti sveni...

67. De mi desprecio serás la victima
luego que te liquide...

LEONORA
Ah, t'arresta.

68. ¡Detente!

CONDE
Seguimi...

69. Sígueme...

MANRICO
Andiam...

70. Vamos...

LEONORA
Che mai farò?

71. ¿Qué puedo hacer?

CONDE
Seguimi...

72. Sígueme...

MANRICO
Andiamo...

73. Vamos...

LEONORA
Un sol mi grido
perdere lo puote!
M'odi...

74. ¡Un solo grito mío
lo puede perder!
Óyeme...

CONDE
No!
Di geloso amor sprezzato
arde in me tremendo il fuoco!
Il tuo sangue o sciagurato,
ad estinguerlo fia poco!
Dirgli, o folle,
"Io t'amo" ardisti!
Ei più vivere non può...
un accento proferisti,
che a morir lo condannò...

75. ¡No!
¡De celoso amor despreciado
arde en mi tremendo fuego!
¡Tu sangre, villano,
hará poco para extinguirlo!
¡Tonta mujer te atreviste
a decirle "Yo te amo"!
El mas no puede vivir...
una palabra dijiste,
que a morir lo condenó...

LEONORA
Un istante almen dia loco
il tuo sdegno alla ragione.
Io, sol io di tanto foco son,
pur troppo, la cagione.

76. Por un instante al menos
que tu venganza ceda a la razón.
Solo yo soy la causa
de tanta rabia.

MANRICO
Del superbo è vana è l'ira
ei cadrà da me trafitto.
Il mortal, che amor t'ispira,
Dall'amor fu reso invitto.

77. Su gran furia es en vano
él caerá herido por mí.
El mortal que tu amor inspira,
es invencible gracias a tu amor.

CONDE
Follie!

78. ¡Loca!

LEONORA

Piombi, piombi il tuo furore
sulla rea che t'oltraggiò...
vibra il ferro in questo core
che te amar non vuol te può.

79. Calma tu furia
y sobre la que te ultrajó...
clava el puñal en su corazón
que no puede amarte.

MANRICO

La tua sorte è già compita...
L'ora ornai per te suonò...
il suo core è la tua vita
il destino a me serbò!

80. Tu destino ya se ha cumplido...
Tu hora ha llegado...
¡Su corazón y tu vida
el destino los reservó para mí!

CONDE

Dirgli "t'amo."
Oh folle, ardisti! ...
Il tuo sangue, o sciagurato
ad estinguerlo fia poco!
Dirgli o folle "io t'amo."
Ardisti!
Ei vivere non può!

81. A decirle "te amo."
¡Oh, tonta te atreviste! ...
¡Tu sangre villana,
hace muy poco para extinguirlo!
A decirle tonta mujer "yo te amo."
¡Te atreviste!
¡Él no puede vivir!

LEONORA

Piombi, ah, piombi il tuo furore...

82. Calma tu furia...

MANRICO

La tua sorte è già compita...

83. Tu destino se ha cumplido...

CONDE

Ah, di geloso amor sprezzato...

84. Ah, mi celoso amor despreciado...

Los dos rivales se alejan con sus espadas desenvainadas.
Leonora cae desmayada.

Segundo Parte
La Gitana

Escena I.
Una cabaña vieja en una montaña de Vizcaya.
Atras arde una gran fogata.
Amanece, Azucena está sentada cerca del fuego.
Manrico acostado en un colchón cubierto con su capa,
su casco a sus pies y sus manos en su espada.
Un grupo de gitanos caminaalrededor.

GITANOS

Vedi! Le fosche notturne spoglie
del cieli sveste l'immenso volta:
Sembra una vedova che alfin si toglie
i bruni panni ond'era in volta.
All'opra, all'opra!
Dagli martella.

85. ¡Vean! El domo del cielo extiende
su manto nocturno:
Parece una viuda que al fin se quita
las negras ropas que la envolvían.
¡A trabajar, a trabajar!
Dame el martillo.

Ellos toman sus herramientas

Chi del gitano i giorni abbella?
La zingarella...

¿Quién embellece los días del gitano?
La gitana...

HOMBRES

A las mujeres

Versami un tratto:
lena è coraggio
il corpo è l'anima traggon dal bere.

86. Sírveme un trago:
de buena gana el cuerpo
y alma sacan valor del beber.

Las mujeres sirven vino en rústicas copas

TODOS

Oh, guarda, guarda del sole un raggio.
Brilla più vivido nel mio bicchiere!
All'opra, all'opra...
Chi del gitano i giorni abbella?
La zingarella...

87. Miren, miren un rayo de sol.
¡Brilla muy vívido en mi vaso!
A trabajar, a trabajar...
¿Quién embellece los días del gitano?
La gitana...

AZUCENA

Stride la vampa!
La folla indomita corre a quel fuoco.
Lieta in sembianza!
Urli di gioia intorno echeggiano
cinta di sgherri donna s'avanza,
sinistra splende sui volti orribili avanza.
La tetra fiamma che s'alza al ciel!
Stride la vampa! Giunge la vittima nero vestita,
discinta è scalza, grido feroce di morte levassi,
l'eco il ripete di balza in balza.

Sinistra splende sui volti orribili,
la tetra fiamma che s'alza al ciel!

(La rodean los gitanos)

88. ¡Crepita la llama!
La horda indómita corre hacia el fuego.
¡Alegría en sus semblantes!
Gritos de alegría retumban
rodeada por guardias una mujer
siniestro brilla su horrible rostro.
¡La tétrica flama se alza al cielo!
¡Crepita la flama! La víctima se acerca,
vestida de negro, despeinada y descalzase,
levanta un grito feroz que el eco repite
de un acantilado a otro.
¡Siniestro brilla su rostro horrible,
la tétrica flama se alza al cielo!

GITANOS

Mesta è la tua canzon.

89. Melancólica es tu canción.

AZUCENA

Del pari mesta
che la storia funesta
da cui tragge argomento!
Mi vendica! Mi vendica!

90. ¡También triste
es la historia funesta
del trágico argumento!
¡Véngame! ¡Véngame!

MANRICO

L'arcana parola ognor!

91. ¡Otra vez esas misteriosas palabras!

UN GITANO

Compagni, avanza il giorno
A procacciarci un pan.
Su, su scendiamo per le propinque ville...

92. Compañeros, el día avanza
a conseguir el pan.
Vamos, bajemos a la cercana villa...

HOMBRES

Andiamo.

93. Vamos.

Todos bajan juntos a la villa, mientras desaparecen.
Su canción se oye a la distancia cada vez más lejos.

GITANOS

Chi del gitano i giorni abbella? ...
La zingarella!

94. ¿Quién embellece los días del gitano? ...
¡La gitana!

MANRICO

Soli or siamo!
Deh, narra quella storia funesta.

95. ¡Ahora estamos solos!
Narra aquella historia funesta.

AZUCENA
E tu la ignori, tu pur!
Ma, giovinetto, i passi tuoi
d'ambizion lo sprone
lungi traea!
Dell'ava il fine acerbo è questa istoria.
La incolpò superbo
Conte di maleficio,
onde asserìa colto un bambin suo figlio
essa bruciata venne
de ov'arde quel fuoco!

96. ¡Tú la ignoras también!
¡Eras muy jovencito
cuando la ambición dirigió tus
pasos a lugares lejanos!
Esta historia habla del cruel
fin de tu abuela. ¡El nefasto
Conde la inculpó de maleficio
en contra de su pequeño hijo
y ella fue llevada a la hoguera
y que nada en el fuego!

MANRICO
Ah, sciagurata!

97. ¡Ah, infeliz mujer!

AZUCENA
Condotta ell'era in ceppi al
suo destin tremendo, col figlio
sulle braccia io la seguìa piangendo.
Infino ad essa un varco tentai
ma invano aprirmi.
Invan tentò la misera fermarsi
è benedirmi che fra bestemmie
oscene, pungendola coi ferri.
Al rogo la cacciavano gli scellerati sgherri.
Allor con tronco accento
"Mi vendica!" esclamò...
Quel detto un eco eterno
in questo cor lasciò...

98. Ella fue conducida en cadenas a
su tremendo destino, con mi hijo
en los brazos yo la seguía llorando.
Yo traté de llegar hasta ella
pero fue en vano, no me dejaron.
En vano intentó la pobre detener
se para bendecirme y entre blasfemias
obscenas la herían con sus lanzas.
A la pira la arrastraron los guardias.
Luego con trunco acento
Exclamó "¡Véngame!"...
Esa palabra dejó un eco eterno
en mi corazón...

MANRICO
La vendicasti?

99. ¿Y la vengaste?

AZUCENA
Il figlio giunsi a rapir del Conte,
lo trascinai qui meco...
la fiamme ardean già pronte.

100. Rapté al hijo del Conde,
lo traje aquí...
las llamas ya estaban ardiendo.

MANRICO
Le fiamme? ... Oh ciel!
Tu forse? ...

101. ¿Las llamas? ... ¡Oh cielos!
¿Quizás tú? ...

AZUCENA
Ei distruggeasi in pianto...
io mi sentiva il core dilaniato
Infranto! quand' ecco agli egri
spirti, come in un sogno apparve,
la vision ferale di spaventose larve!
gli sgherri ed il supplizio,
la madre smorta in volto...
Scalza, discinta! ... il grido...
Il grido ascolto "Mi vendica"...
La mano convulsa stendo...
La vittima... nel foco la traggo la sospingo!
Cessa il fatal delirio, l'orrida
scena fugge.
La fiamma sol divampa,
è la sua preda strugge!
Pur volgo intorno il guardo, è
innanzi a me veggio
dell'empio Conte il figlio!

102. ¡Él se consumía en llanto...
yo sentía desgarrado mi corazón
de pronto aparecieron las imágenes
horribles de fantasmas como,
en un sueño!
Los guardias, el suplicio,
el rostro de mi madre lleno de ceniza...
¡Descalza, despeinada! ... el grito...
Escucho el grito "Véngame"...
Stringo extiendo mi mano convulsa...
¡Tomo a la víctima y la arrojo al fuego!
Cesa el fatal delirio, la horrida
escena se desvanece.
¡Las llamas arden y consumen,
a su nueva presa!
¡Miro a mi alrededor y frente a
mi veo al hijo
del impío Conde!

MANRICO
Ah, che dici?

103. ¿Qué dices?

AZUCENA
Il figlio mio...

104. Mi hijo...

MANRICO
Ah!

105. ¡Ah!

AZUCENA
Mio figlio avea bruciato!

106. ¡Había quemado a mi hijo!

MANRICO
Quale orror!

107. ¡Qué horror!

AZUCENA
Ah!

108. ¡Ah!

MANRICO
Quale orror!

109. ¡Qué horror!

AZUCENA
Mio figlio, mio figlio!
Il figlio mio!
Il figlio mio avea bruciato!

110. ¡Mi hijo, mi hijo!
¡El hijo mío!
¡Había quemado a mi hijo!

MANRICO
Ah, quale orror! Orror!
Quale orror! Quale orror!

111. ¡Ah, qué horror! ¡Horror!
¡Qué horror! ¡Qué horror!

AZUCENA
Sul capo mio le chiome
sento drizzarsi ancor!

112. ¡Aun siento sobre mi cabeza,
erizarse mis cabellos!

Azucena cae hacia atrás temblando.
Manrico queda sin habla sorprendido y horrorizado.

MANRICO
Non son tuo figlio! ...
E chi son io?
Chi dunque?

113. ¡No soy tu hijo! ...
¿Y quién soy yo?
¿Quién soy?

AZUCENA
Tu sei mio figlio!

114. ¡Tú eres mi hijo!

MANRICO
Eppur dicesti...

115. Pero antes dijiste...

AZUCENA
Ah forse? ... Che vuol!
Quando al pensier s'affaccia
il truce caso,
lo spirto intenebrato
pone stolte parole sul mio labbro...
Madre, tenera madre non
m'avesti ognora?

116. ¿Si? ...
Cuando el fatal recuerdo se manifiesta
en mi pensamiento mi espíritu
se ensombrece y
pone tontas palabras en mis labios...
¿Madre, una tierna madre no he si
do siempre para ti?

MANRICO
Potrei negarlo?

117. ¿Podrías negarlo?

AZUCENA
A me se vivi ancora, nol dêi?
Notturna, nei pugnati campi
di Pelilla ove spento fama ti disse,
a darti sepoltura non mossi?
La fuggente aura vital non iscovrì, nel seno,
non t'arrestò materno affetto?
E quante cure non spesi a risanar
le tante ferite?

118. Si, tú aun vives, no es gracias a mí.
¿No vine una noche al campo
de batalla en Pelilla en dondese dijo
que habías muerto,
a darte sepultura?
¿Y al encontrarte moribundo, te atendí con
materno afecto? ¿Y no te curé tantas
heridas hasta que sanaste?

MANRICO
Che portai nel di fatale,
ma tutte qui, nel petto... io sol fra mille.
Già sbandati, al nemico
volgendo ancor la faccia! Il rio
De Luna su me piombò col suo drappello,
io caddi...
Pero da forte io caddi!

119. Heridas que recibí ese día fatal,
todas en el pecho... yo solo entre miles.
¡Ya debandado el enemigo
y aun volviendo la cara, el maldito!
De Luna cayó sobre mí con su pandilla,
yo caí...
¡Pero caí como un soldado!

AZUCENA
Ecco mercede ai giorni,
che l'infame nel singolar certame ...
ebbe salvi da te! Qual t'acciecava
strana pietà per esso?

120. ¡Entonces ese día él mostró piedad,
porque en aquel duelo tú le salvaste
la vida! ¿No es extraño que
hayas sentido piedad por él?

MANRICO
Oh, madre!
Non saprei dirlo a me stesso!

121. ¡Oh, madre!
¡No sabría decirlo!

AZUCENA
Strana pietà!

122. ¡Qué extraña piedad!

MANRICO
Mal reggendo all'aspro assalto
ei già tocco il suolo avea
balenava il colpo in alto
che trafiggerlo dovea...

Quando arresta un moto arcano
nel discender questa mano...
Le mie fibre acute gelo
fa repente abbrividir!
Mentre un grido vien dal cielo
che mi dice: "Non ferir!"

123. Mal aguantó mi severo asalto
y ya estaba caído en el suelo
brillaba en lo alto mi golpe
que debía traspasarlo...

¡Me detiene un poder oculto
para descender ésta mano...
Todas mis fibras se helaron
todo mi ser se estremecía!
Mientras un grito vino del cielo
y me dijo: "¡No lo hieras!"

AZUCENA
Ma nell'alma dell'ingrato
non parlò del cielo un detto!
Oh se ancor ti spinge il fato
a pugnar col maledetto,
compio figlio, qual d'un Dio,
compi, allora il cenno mio.

124. ¡Pero en el alma del ingrato
el cielo no dijo aquella palabra!
Oh si de nuevo se repite el
hecho de pelear con ese maldito
cumple oh hijo como si fueras
Dios, cumple mi voluntad.

AZUCENA
Sino all'elsa questa lama
vibra immergi all'empio in cor
Sino all'elsa questa lama
vibra, immergi all'empio in cor.

(continuó)
Clava tu espada hasta el puño
en el corazón del impío.
Clava tu espada hasta el puño
en el corazón del impío.

MANRICO
Si, lo giuro, questa lama
scenderà dell'empio in core...

125. Si, lo juro, ésta espada
se clavará en el corazón...

Se oye la larga nota de un corno.

L'usato messo Ruiz invia!
Forse...

¡Esa señal, la envía Ruiz!
Quizás...

El hace sonar su propio corno en respuesta.

AZUCENA
Mi vendica!

126. ¡Véngame!

MANRICO
Inoltra il piè...
Guerresco evento, dimmi, seguìa?

A un mensajero
127. Acércate...
¿Ha habido otra batalla?

Le entrega un papel.

MENSAJERO
Risponda il foglio che reco a te.

A Manrico
128. Responde la carta que te traigo.

MANRICO
"In nostra possa è Castellor, ne dei
Tu per cenno del prence,
vigilar le difese. Ove ti è dato,
affrettati a venir, giunta la sera
tratta in inganno di tua morte al grido,
nel vicin chiostro della
Croce il velo cingerà Leonora."
Oh giusto cielo!

Leyendo
129. "Hemos tomado Castellor
Tu por orden del príncipe,
te encargaras de la defensa,
apresúrate a venir, grido, ésta noche
le reportaron tu muerte a Leonora
y ella va a tomar el velo
en el cercano claustro de la Cruz."
¡Santo cielo!

AZUCENA
Che fia?

130. ¿Qué es?

MANRICO
Veloce scendi la balza
ed un cavallo a me provvedi.

Al mensajero
131. Desciende veloz el barranco
y provéeme de un caballo.

MENSAJERO
Corro.

132. Voy corriendo.

AZUCENA
Manrico! ...

133. ¡Manrico! ...

MANRICO
Il tempo incalza...
Vola... m'aspetta del colle ai piedi.

134. El tiempo pasa...
Vuela... espérame al pie de la colina.

El mensajero parte apresuradamente.

AZUCENA
Esperi? è vuoi?

135. ¿Qué esperas hacer?

MANRICO
Perderla! ... Oh ambascia!
Perder quell'angelo! ...

136. ¡Perderla! ... ¡Oh, qué angustia!
¡Perder a ese angel! ...

AZUCENA
E fuor di sé!

137. ¡Está fuera de sí!

MANRICO
Addio!

Poniéndose el casco y tomando su capa
138. ¡Adiós!

AZUCENA
No... ferma... odi...

139. No... detente... oye...

MANRICO
Mi lascia...

140. Déjame...

AZUCENA
Ferma...
Son io che parlo a te!
Perigliarti ancor languente
per cammin selvaggio ed ermo!
Le ferite vuoi, demente,
riaprir del petto infermo?

No, soffrirlo non poss'io...
Il tuo sangue è sangue mio!
Ogni stilla che ne versi
tu la spremi dal mio cor!

141. Espera...
¡Soy yo quién te habla!
Aun débil como estás es peligro
so que vayas por ese camino salvaje y yermo.
¿Las heridas se pue
den abrir en tu pecho estás loco?

No puedo soportar eso, no...
¡Tu sangre es mi sangre!
¡Cada gota que derramas
tú le exprimes de mi corazón!

MANRICO
Un momento può involarmi
il mio ben, la mia speranza!
No che basti ad arrestarmi
terra e ciel non ha possanza.

142. ¡Un momento me puede perder
mi amada, mi esperanza!
Ni la tierra ni el cielo tienen
la fuerza para detenerme.

AZUCENA
Demente!

143. ¡Demente!

MANRICO
Ah, mi sgombra, o madre i passi
guai per te s'io qui restassi!
Tu vedresti a piedi tuoi
spento il figlio dal dolor.

144. ¡Madre, no me demores más
pobre de ti si yo aquí me quedara!
Tu verías a tus pies a tu hijo,
muerto de dolor.

AZUCENA
No, soffrirlo non poss'io.

145. No, no puedo soportarlo.

MANRICO
Guai per te s'io qui restassi!

146. ¡Pobre de ti si yo aquí me queda se!

AZUCENA
Ah, no, soffrirlo non poss'io.

147. No puedo soportarlo.

MANRICO
Tu vedresti a piedi tuoi...

148. Tu venias a tus pies...

AZUCENA
Ferma, deh, ferma!

149. ¡Detente, detente!

MANRICO
Mi lascia, mi lascia!

150. ¡Déjame, déjame!

AZUCENA
M'odi, deh, m'odi!

151. ¡Escúchame, escúchame!

MANRICO
Perder quell'angelo!
Mi lascia, addio!

152. ¡Perder a ese ángel!
¡Déjame, adiós!

AZUCENA
Ah, ferma, m'odi,
son io che parlo a te...

153. Ah, detente, me escuchas,
soy yo quien te habla...

Manrico se aleja, Azucena en vano trata de detenerlo.

Escena II.
El vestíbulo de un lugar de retiro cerca de Castellor Arboles al fondo. Es de noche.
El Conde, Ferrando y algunos seguidores avanzan cautelosamente envueltos en sus capas.

CONDE
Tutto è deserto, né per l'aura
ancora suona l'usato carme...
In tempo io giungo!

154. Todo está desierto, no se
escuchan los himnos...
¡Llego a tiempo!

FERRANDO
Ardita opra, o signore, imprendi.

155. Estás emprendiendo una acción
muy atrevida señor.

CONDE
Ardita, è qual furente amore.
Ed irritato orgoglio, chiesero a me.
Spento il rival caduto
ogni ostacol sembrava a miei desiri,
novello è più possente ella ne appresta...
l'altare...
Ah, no, non fia d'altri Leonora!
Leonora è mia.
Il balen del suo sorriso
d'una stella vince il raggio!
Il fulgor del suo bel viso
novo infonde a me coraggio.
Ah, l'amore ond'ardo
la favelli in mio favor,
sperda il sole d'un suo sguardo.
La tempesta del mio cor.

156. Atrevida como pasión ardiente.
E irritado orgullo, que hierve en mí.
Con mi rival muerto
ya no hay obstáculos a mis deseos,
solo hay uno nuevo y poderoso...
el altar...
¡No, no serás de otro Leonora!
Leonora es mía.
¡El brillo de su sonrisa
vence al rayo de una estrella!
El fulgor de su bello rostro
me infunde nuevo valor.
Ah, mi amor ardiente
la hará hablar en favor mío
y me mire con el sol de su mira
da y calme la tempestad de mi corazón.

Se oye la campana del convento

Qual suono! O ciel!

¡Ese sonido! ¡Cielos!

FERRANDO
La squilla vicino
il rito annunzia.

157. La campana anuncia
que ha llegado la hora del rito.

CONDE
Ah, pria che giunga all'altar si rapisca.

158. La raptaremos antes de que llegue al altar.

FERRANDO
Ah, bada!

159. ¡Cuidado!

CONDE

Taci! Non odo!
Andate...
Di quei faggi all'ombra celatevi...

160. ¡Callen! ¡No oigo nada!
Adelante...
Escóndanse en las sombras
de aquellos arboles...

Ferrando y los secuaces se alejan.

Ah, fra poco mia diverrà!
Tutto m'investe un foco!

¡Ah, dentro de poco ella será mía!
¡El fuego me consume!

Cautelosamente y con excitación, él observa el lugar por el cual Leonora emergerá.

FERRANDO Y SECUACES

Ardire, andiam!
Celiamoci fra l'ombre,
nel mister.
Ardir, andiam silenzio!
Si compia il suo voler.

161. ¡Vamos, adelante!
Escondámonos entre las sombras
en el misterio.
¡Vamos, silencio!
Que se cumpla su deseo.

CONDE

Per me ora fatale
i tuoi momenti affretta,
la gioia che m'aspetta,
gioia mortal non è.
Invano un Dio rivale
s'oppone all'amor mio...
Non può nemmeno un Dio,
donna, rapirti a me.

162. Espero la hora fatal
en estos momentos,
la alegría que me espera,
no es alegría mortal.
En vano un Dios rival
se opone a mi amor...
Ni siquiera Dios puede,
mujer, raptarte de mí.

FERRANDO Y SECUACES

Ardir, ardir!

163. ¡Vamos, vamos!

CONDE

Non può nemmeno un Dio...

164. Dios no puede...

FERRANDO Y SECUACES

Ardir, ardir!

165. ¡Vamos, vamos!

CONDE

... Rapirti a me
No, no, non può
rapirti a me... mi...

166. ... Raptarte de mí
No, no, no puede
raptarte de mí...

FERRANDO Y SECUACES
Silenzio! Ardir!
Celiamoci fra l'ombre...

167. ¡Silencio! ¡Vamos!
Escondámonos entre las sombras...

CONDE, FERRANDO Y SECUACES
Ardir! Celiamoci fra l'ombre...

168. ¡Vamos! Escondámonos entre las sombras...

El Conde se adelanta con sus gentes y se esconden entre los arboles.

CORO DE RELIGIOSAS
Ah, se l'error t'ingombra.
O figlia d'Eva, i rai,
presso a morir vedrai
che un ombra, un sogno fu,
anzi del sogno un ombra
la speme di quaggiù!

169. Ah, si el error te ensombrece.
¡Oh hija de Eva,
cerca de tu muerte verás
que una sombra, un sueño fue
más que un sueño, una sombra
la esperanza de éste mundo!

CONDE
No, no, non può
Nemmeno un Dio rapirti a me.

170. No, no, no puede
ni aun Dios raptarte de mí.

FERRANDO Y SECUACES
Coraggio, ardir!
Si compia il suo voler!

171. ¡Valor, vamos!
¡Que se cumpla su deseo!

CORO DE RELIGIOSAS
Vieni è t'asconda il velo
ad ogni sguardo umano,
aura o pensier mondano
Qui vivo più non è
E il cielo si schiuderà per te.

172. Ven y que el velo te esconda
a toda mirada humana,
al pensamiento y al aire mundano
Aquí viva tú no estás
Y el cielo se abrirá para ti.

CONDE
No, no, non può
nemmeno un Dio rapirti a me.

173. No, no, no puede
ni un Dios raptarte de mí.

FERRANDO, SECUACES
Coraggio, ardir!
Si compia il suo voler!

174. ¡Valor, vamos!
¡Que se cumpla su deseo!

CORO DE RELIGIOSAS
Al ciel ti volgi
E il ciel si schiuderà per te...

175. Mira hacia el cielo
y el cielo se abrirá para ti...

CONDE
No, no, non può...

176. No, no, no puede...

FERRANDO SECUACES
Coraggio, ardir! ...

177. ¡Valor, vamos!

Entra Leonora con algunas mujeres y con Inés.

LEONORA
Perché piangete?

178. ¿Por qué lloras?

INES
Ah, dunque tu per sempre ne lasci!

179. ¡Ah, tú nos dejas para siempre!

LEONORA
O dolci amiche,
un riso, una speranza
un fior la terra non ha per me!
Degg'io volgermi a Quei
che degli afflitti è solo sostegno
E dopo i penitenti giorni
può fra gli eletti al mio perduto
bene ricongiungermi un di...
Tergete i rai è guidatemi all'ara.

180. ¡Oh, dulce amiga,
una risa, una esperanza
una flor, la tierra no tiene para mí!
Debo voltear hacia El
que es el único sostén de los
afligidos y que después de mis
días de penitencia podrá un día
reunirme con mi perdido amor...
Seca tus ojos y guíame al altar.

CONDE
No... Giammai!

Irrumpiendo con violencia
181. No... ¡Jamás!

INES, RELIGIOSAS
Il Conte!

182. ¡El Conde!

LEONORA
Giusto ciel!

183. ¡Santo cielo!

CONDE
Per te non havvi
che l'ara d'imeneo...

184. Para ti está dispuesto
el altar de bodas...

INES, RELIGIOSAS
Cotanto ardìa!

185. ¡Palabras impías!

LEONORA
Insano! E qui venisti?

186. ¡Loco! ¿A qué viniste?

CONDE
A farti mia!

187. ¡A hacerte mía!

El corre hacia Leonora y la toma, al hacerlo so encuentra asi mismo frente al fantasma, de Manríco. Se oye un grito.

TODOS
Ah!

188. ¡Ah!

LEONORA
E deggio, e posso crederlo?
Ti vengo a me d'accanto!
È questo un sogno, un estasi,
un sovrumano incanto!
Non regge a tanto giubilo
rapito il cor, sorpreso!
Sei tu dal ciel disceso,
O in ciel son io con te?

189. ¿Puedo creer lo que veo?
¡Te veo a mi lado!
¡Es éste un sueño, un éxtasis,
un encanto sobrehumano!
¡Mi corazón sorprendido no resiste
tanto júbilo!
¿Has descendido de cielo,
O yo estoy contigo en el cielo?

CONDE
Dunque gli estinti lasciano
di morte il regno eterno!

190. ¡Entonces el extinto abandonó
el reino eterno de la muerte!

MANRICO
Né m'ebbe il ciel,
ne l'orrido varco infernal sentiero...

191. No vengo del cielo,
ni del infernal sendero...

CONDE
A danno mio rinunzia
le prede sue l'inferno!

192. ¡El infierno renuncia a su presa
para contrariarme!

MANRICO
Infami sgherri vibrano
mortali colpi, è vero!

193. ¡Tus infames esbirros en verdad
me asestaron, golpes mortales!

CONDE
Ma se non mai si fransero
de' giorni tuoi gli stami...

194. Pero si tus días se han prolonga
Bado...

MANRICO
Potenza irresistibile
hanno de fiumi l'onde!

195. ¡Potencia irresistible tiene
las olas del rio!

LEONORA
O in ciel son io con te?

196. ¿O en el cielo estoy contigo?

CONDE
... Se vivi è viver brami,
fuggi da lei, da me,
fuggi da lei fuggi da me.

197. ... Si vives y esperas seguir viviendo,
huye de ella y de mí,
huye de ella, huye de mí.

MANRICO

Ma gli empi un Dio confonde!
Quel Dio soccorse a me.
Si, si quel Dio soccorse a me.

198. ¡El impío no conoce a Dios!
Ese Dios me socorrió.
Si, si ese Dios me socorrió.

LEONORA

E questo un sogno un estasi...
Sei tu dal ciel disceso...
O in ciel son io con te? ...

199. Es éste un sueño, un éxtasis...
has descendido del cielo...
¿O en el cielo estoy contigo? ...

MANRICO

Ma gli empi un Dio confonde!
Quel Dio soccorse a me...

200. ¡El impío no conoce a Dios!
Ese dios me socorrió...

CONDE

Se vivi è viver brami...
Fuggi da lei, da me...

201. Si vives y vivir quieres...
huye de ella y de mi...

INES Y RELIGIOSAS

Il cielo in cui fidasti
Ah, pietà avea di te!

202. ¡El cielo en que confiaste
que tenga piedad de ti!

FERRANDO, SECUACES

Tu col destin contrasti
suo difensore egli è...

203. Tú te enfrentaste al destino
y su defensor es él...

Entra Ruiz con una gran tropa de soldados.

RUIZ Y SOLDADOS

Urgel viva!

204. ¡Que viva Urgel!

MANRICO

Miei prodi guerrieri!

205. ¡Mis valientes guerreros!

RUIZ

Vieni...

206. Ven...

MANRICO

Donna, mi segui...

A Leonora

207. Sigue me...

CONDE

E tu speri?

208. ¿Cómo te atreves?

LEONORA

Ah!

209. ¡Ah!

MANRICO		*Al Conde*
T'arresta!	210.	¡Atrás!
CONDE		*Desenvainando la espada*
Involarmi costei! No! ...	211.	¡Osas llevártela! ¡No! ...
RUIZ Y SOLDADOS		
Vaneggi!	212.	¡Loco!

El Conde es desarmado por los hombres de Ruiz.

FAMILIARES DEL CONDE		
Che tenti signor?	213.	¿Qué intentas señor?
CONDE		
Di ragione ogni lume perdei!	214.	¡He perdido la, luz de la razón!
LEONORA		
M'atterrisce!	215.	¡Me aterroriza!
MANRICO		
Fia supplizio...	216.	Un suplicio...
INES, RELIGIOSAS		
Ah!	217.	¡Ah!
RUIZ Y SOLDADOS		
Vieni!	218.	¡Ven!
FERRANDO Y FAMILIARES		
Cedi!	219.	¡Cede!
CONDE		
Ho le furie nel cor!	220.	¡Tengo furia en el corazón!
LEONORA		
M'atterrisce!	221.	¡Me aterroriza!
MANRICO		
Fia supplizio.	222.	Suplicio.
RUIZ Y SOLDADOS		
Vieni!	223.	¡Ven!
FERRANDO Y FAMILIARES		
Cedi!	224.	¡Cede!

CONDE
Ho le furie nel cor!

225. ¡Tengo furia en el corazón!

LEONORA
Ah, m'atterrisce!

226. ¡Me aterroriza!

MANRICO
Fia supplizio la vita per te!

227. ¡La vida será suplicio para ti!

INES, RELIGIOSAS
Il ciel pietà de avea di te.

228. Que el cielo tenga piedad de ti.

RUIZ Y SOLDADOS
Vieni, la sorte sorride per te!

229. ¡Ven, la suerte te sonríe!

FERRANDO Y FAMILIARES
Cedi, or ceder viltade non è.

230. Cede, ceder no es una vileza.

LEONORA
Sei tu dal cielo disceso.
O in ciel son io con te?
Con te, in ciel con te?

231. Has descendido del cielo.
¿O yo estoy en el cielo contigo?
¿Contigo, en el cielo contigo?

MANRICO
Vieni, ah, vieni, vieni.

232. Ven, ven, ven.

CONDE
Ho le furie in cor.

233. Tengo furia en el corazón.

INES, RELIGIOSAS
Pietà de avea di te.

234. Tenga piedad de ti.

RUIZ Y SOLDADOS
Vieni, ah, vieni, vieni.

235. Ven, ah, ven, ven.

FERRANDO Y FAMILIARES
Cedi, ah, cedi, cedi.

236. Cede, cede.

Manrico se lleva a Leonora con él, el Conde es detenido por los soldados de Ruiz, las religiosas regresan al convento.

Tercera Parte
El Hijo de la Gitana

Escena I.
Un campamento militar.
A la derecha el pabellón del Conde de Luna en donde flamea la bandera del comandante.
A la distancia, las torres de Castellor.
Por doquier, grupos de hombres armados, algunos jugando cartas,
otros limpiando sus armas, otros caminando de un lado a otro.
Ferrando sale de la tienda del Conde.

SOLDADOS

Or co' dadi, ma fra poco giocherem ben altro gioco!	237.	¡Juguemos a los dados, dentro de poco jugaremos otro juego!

OTROS

Quest'acciar, dal sangue or terso, fia di sangue in breve asperso!	238.	¡Este acero está limpio pero, pero pronto estará tinto en sangre!

Un grupo grande de ballesteros cruza el campamento.

ALGUNOS

Il soccorso dimandato!	239.	¡Los refuerzos han llegado!

OTROS

Han l'aspetto del valor!	240.	¡Parecen ser valientes!

TODOS

Più l'assalto ritardato or non fia di Castellor!	241.	¡Que ya no se retarde el asalto a Castellor!

FERRANDO

Si, prodi amici. Al di novella, è mente del capitan la rocca investir d'ogni parte.	242.	Si, valientes amigos, Con el nuevo día, el capitán ha decidido atacar la fortaleza por todos lados.

FERRANDO

Colà pingue bottino
certezza è rinvenir più che speranza,
più che l'amor, si vinca è nostro.

(continuó)
Allá hay un gran botín,
que más que el amor y la esperanza,
será nuestro si vencemos.

TODOS

Tu c'inviti a danza!
Squilli, echeggi la tromba guerriera,
chiami all'armi, alla pugna all'assalto:
Fia domani la nostra bandiera
di quei merli piantata sull'alto.
No, giammai non sorrise vittoria
di più liete speranze finor!
Ivi l'util ci aspetta è la gloria,
ivi opimi la preda è l'onor!

243. ¡Tú nos invitas a danzar!
Trompetas, llamen a la batalla
a las armas a la lucha, al asalto:
Que nuestra bandera mañana
sea plantada en lo alto de las almenas.
¡Nunca la victoria nos
ha sonreído, con tanta esperanza!
¡Ahí nos espera la gloria,
ahí nos espera el botín y el honor!

FERRANDO

Coraggio è onor! Coraggio è onor!
La trombala tromba vi chiama!

244. ¡Coraje y honor! ¡Coraje y honor!
¡La trompeta los llama!

SOLDADOS

Si, coraggio, si, coraggio!
Ivi l'util ci aspetta è la gloria...

245. ¡Si, valor, si, coraje!
Ahí te espera la gloria...

FERRANDO Y SOLDADOS

Partiam, partiam!

246. ¡Partamos, partamos!

Los soldados se dapersan,
El Conde sale de la tienda y mira hacia Castellor.

CONDE

In braccio al mio rival! Questo
pensiero come persecutor demone
ovunque m'insegue...
in braccio al mio rival! ...
Ma corro surta appena l'aurora
io corro a separarvi... Oh Leonora.

247. ¡Estuvo en los brazos de mi rival,
ese pensamiento me persigue
por doquier...
en brazos de mi rival! ...
Pero en cuanto amanezca
yo coro a separarlos, oh Leonora.

Se escucha un tumulto.
Entra Ferrando.

Che fu?

¿Qué pasa?

FERRANDO
Dappresso al campo
S'aggirava una zingara: sorpresa
da nostre esploratori, si volse in fuga,
essi, a ragion temendo una spia
nella triste l'inseguir...

248. Cerca del campamento curioseaba
una gitana, sorprendida por nuestros
exploradores, intentó fugar
se y temiendo que fuera una espía
la persiguieron...

CONDE
Fu raggiunta?

249. ¿La atraparon?

FERRANDO
E presa.

250. Está presa.

CONDE
Vista l'hai tu?

251. ¿La has visto?

FERRANDO
No, della scorta
il condottier m'apprese l'evento.

252. No, El comandante de la escolta
me informó del evento.

Azucena con las manos atadas es traída por los guardias.

CONDE
Eccola.

253. Ahí está.

GUARDIAS
Innanzi, o strega, innanzi!

254. ¡Adelante, bruja, adelante!

AZUCENA
Aita! Mi lasciate!
Ah furibondi!
Che mal fec'io?

255. ¡Auxilio! ¡Déjenme!
¡Brutos!
¿Qué mal he hecho?

CONDE
S'appressi...
A me rispondi,
è trema dal mentir!

256. ¡Tráiganla!
¡Responde me,
y cuidado con mentirme!

AZUCENA
Chiedi.

257. Pregunta.

CONDE
Ove vai?

258. ¿Adónde vas?

AZUCENA
Nol so.

259. No lo sé.

CONDE
Che?

260. ¿Que?

AZUCENA
D'una zingara è costume
mover senza disegno
il passo vagabondo,
Ed è suo tetto il ciel,
sua patria il mondo.

261. Es costumbre de una gitana
moverse en forma errática
con paso vagabundo,
Su techo es el cielo,
y su patria el mundo.

CONDE
E vieni?

262. ¿Y de dónde vienes?

AZUCENA
Da Biscaglia, ove finora
le sterili montagne ebbi a ricetto.

263. De Vizcaya, donde hasta ahora
la montaña estéril nos da refugio.

CONDE
Da Biscaglia!

264. ¡De Vizcaya!

FERRANDO
Che intensi?
Oh ... qual sospetto!

Para si
265. ¿Que intenta?
¡Oh... qué sospecha!

AZUCENA
Giorni poveri vivea
pur contenta del mio stato
sola speme un figlio avea
mi lasciò... m'oblia l'ingrato!
Io, deserta, vado errando
di quel figlio ricercando,
di quel figlio che al mio core
pene orribili costo!
Qual per esso provo amore
madre in terra non provò.

266. ¡Vivía en la pobreza
pero contenta de mi estado
mi única esperanza era mi hijo
me dejó, me olvidó el ingrato!
¡Yo deserté y voy errante
buscando a aquel hijo,
aquel hijo que ha causado horrible
pena a mi corazón!
Siento por él tanto amor como
ninguna madre lo ha sentido.

FERRANDO
Il suo volto!

267. ¡Es su rostro!

CONDE
Di... traesti
lunga etade tra quei monti?

268. ¿Dime, has vivido
largo tiempo en esas montañas?

AZUCENA
Lunga, si.

269. Largo tiempo.

CONDE
Rammenteresti un fanciul,
prole di conti,
involato al suo castello,
son tre lustri, è tratto quivi?

270. ¿Recuerdas a un muchacho,
hijo de los Condes,
robado de su castillo, y llevado
allá hace tres lustros?

AZUCENA
E tu... parla... ¿Sei?

271. Y tú... dime... ¿Quién eres?

CONDE
Fratello del rapito.

272. Hermano del raptado.

AZUCENA
Ah!

273. ¡Ah!

FERRANDO
Si!

274. ¡Si!

CONDE
Ne udivi mai novella?

275. ¿No has oído más noticias?

AZUCENA
Io! ... No...
Concedi che del figlio
l'orme io scopra...

276. ¡Yo! ... No...
Permíteme que siga buscando
las huellas de mi hijo...

FERRANDO
Resta iniqua...

277. Te quedas desgraciada...

AZUCENA
Ohimè!

278. ¡Cielos!

FERRANDO
Tu vedi
chi l'infame, orribil opra commettea! ...

279. ¡Ante ti señor, tú ves
a quien cometió ese horrible acto! ...

CONDE
Finisci...

280. Termina...

FERRANDO
E dessa.

281. ¡Es ella quien quemó al niño!

AZUCENA
Taci!

A *Ferrando*
282. ¡Calla!

FERRANDO		
E dessa che il bambin arse!	283.	
CONDE		
Ah, perfida!	284.	¡Ah, pérfida!
CORO		
Ella stessa!	285.	¡Ella misma!
AZUCENA		
Ei mentisce...	286.	El miente...
CONDE		
Al tuo destino or on fuggi...	287.	A tu destino ahora no escaparás...
AZUCENA		
Deh!	288.	¡Dios!
CONDE		
Quei nodi più stringete.	289.	Aprieten más fuerte las ataduras.

Los soldados obedecen.

AZUCENA		
Oh Dio, oh Dio!	290.	¡Oh Dios, oh Dios!
TODOS		
Urla pur!	291.	¡Si, grita!
AZUCENA		
E tu non vieni. O Manrico, o figlio mio! Non soccorri all'infelice madre tua?	292.	¡Y tú que no llegas! ¡Oh Manrico, hijo mío! ¿No socorres a la infeliz madre tuya?
CONDE		
Di Manrico genitrice!	293.	¡La madre de Manrico!
FERRANDO		
Trema!	294.	¡Tiembla!
CONDE		
Oh sorte! In mio poter!	295.	¡Oh, suerte! ¡En mi poder!

AZUCENA
Ah ... deh, rallentate, o barbari
le acerbe mie ritorte!
Questo crudel martirio
è prolungata morte.
D'iniquo genitore
empio figliuol peggiore.
Trema ... V'è Dio pei miseri,
è Dio te punirà.

296. ¡Ah, bárbaros, aflojen
esas pesadas cadenas!
Este cruel martirio
es muerte prolongada.
De padre inicuo
el peor hijo impío.
Tiemblen... que el Dios de los
pobres los castigará.

CONDE
Tua prole o turpe Zingara
colui, quel traditore
potrò col tuo supplizio
ferirlo in mezzo al cor!
Gioia m'innonda il petto
cui no, non esprime il detto!
Ah meco il fraterno cenere
piena vendetta aura!

297. ¡A tu hijo torpe gitana
ese que es un traidor
podre con tu suplicio
herirlo en medio del corazón!
Tanta alegría me inunda el pecho,
que no la puedo expresar con
palabras. ¡Al fin las fraternas
cenizas plena venganza tendrán!

FERRANDO, CORO
Infame pira sorgere,
ah, sì, vedrai fra poco
né solo tuo supplizio
sarà terreno foco!

298. ¡Pronto verás surgir
la horrible pira
pero no solo el fuego terrenal
será tu suplicio!

AZUCENA
Deh! Rallentate, o barbari le acerbe
mie ritorte! Questo crudel supplizio
è prolungata morte...

299. ¡Bárbaros, añejen las cadenas!
Este cruel suplicio
es prolongado muerte...

CONDE
Tua prole o turpe Zingara
colui quel seduttore?
Meco il fraterno cenere
piena vendetta avrà!

¿Tu hijo torpe gitana
300. es ese vil seductor?
¡Al fin las fraternas cenizas
plena venganza tendrán!

FERRANDO Y CORO
Le vampe dell'inferno,
a te fina rogo eterno!
Ivi penare ed ardere l'alma dovrà!

301. ¡Las llamas del infierno
te quemarán por siempre!
¡Ahí deberá tu alma penar y arder!

A una señal del Conde, los soldados se llevan a Azucena.
El regresa a su tienda seguido por Ferrando.

Escena II.
Un salón adyacente a la capilla en Castellor, con un balcón cercano.

LEONORA
Quale darmi
fragor poc'anzi intesi?

302. ¿Escucho ahora el
chocar de las armas?

MANRICO
Alte è il periglio... Vano
dissimularlo fora!
Alla novella aurora
assaliti saremo.

303. Grande es el peligro... ¡En vano
trataría de disimularlo!
Al amanecer
seremos asaltados.

LEONORA
Ahimè! ... Che dici?

304. ¡Cielos! ... ¿Qué dices?

MANRICO
Ma de nostri nemici
avrem vittoria...
Pari abbiamo a loro ardir,
brando è coraggio.

Tu va... le belliche opre,
nell'assenza mia breve, a te commetto.
Che nulla manchi!

305. Pero venceremos
a nuestros enemigos.
Tenemos iguales espadas,
y el mismo valor que ellos.
A Ruiz
Tú, has los preparativos
para la batalla.
¡Que no falte nada!

Ruiz parte.

LEONORA
Di qual tetra luce
il nostro imen risplende!

306. ¡De esas tétricas luces
resplandece nuestra boda!

MANRICO
Il presagio funesto
deh, sperdi o cara!

307. ¡Olvida querida mía,
el presagio funesto!

LEONORA
E il posso?

308. ¿Y cómo puedo?

MANRICO
Amor, sublime amore,
in tale istante ti favelli a la core
Ah, sì ben mio, coll'essere io tuo,
tu mia consorte, avrò
più l'alma intrepida,

309. Amor, sublime amor,
que en éste instante le habla
al corazón. Ah si bien mío cuando
yo sea tuyo y tu mi consorte,
mi alma más intrépida,

MANRICO
il braccio avrò più forte.
Ma pur se nella pagina
de miei destini è scritto
ch'io resti fra le vittime
dal ferro ostil trafitto
fra quegli estremi aneliti
a te il pensier verrà, è solo, in ciel
precederti la morte a me parrà!

(continuó)
y el brazo más fuerte.
¡Pero si en las páginas
de mi destino está escrito
que yo caiga entre las víctimas
del hierro hostil,
mi último anhelo
será pensar en ti, y al cielo
la muerte me hará precederte!

Se escuchan las notas del órgano de la capilla.

LEONORA Y MANRICO
L'onda de suoni mistici
pura discende al cor!
Vieni, ci schiude il tempio
gioie di casto amor!

310. ¡Las ondas del místico sonido
descienden puras al corazón!
¡Ven, el templo nos abre
las alegrías del casto amor!

RUIZ
Manrico!

311. ¡Manrico!

MANRICO
Che?

312. ¿Que?

RUIZ
La zingara vieni,
tra ceppi mira...

313. Viene la gitana,
encadenada, mira...

MANRICO
Oh Dio!

314. ¡Oh Dios!

RUIZ
Per man de barbari
accesa è già la pira.

315. Es obra de los bárbaros
ya está lista la pira.

MANRICO
Oh ciel! Mie membra oscillano,
nube mi copre il ciglio!

316. ¡Oh cielos! ¡Me tiemblan las piernas,
una nube me obscurece los ojos!

LEONORA
Tu fremi! ...

317. ¡Tiemblas! ...

MANRICO
E il deggio!
Sappilo, io son...

318. ¡Yo debo!
Sépanlo, yo soy...

LEONORA
Chi mai? ...

319. ¿Quién? ...

MANRICO
Suo figlio!

320. ¡Su hijo!

LEONORA
Ah!

321. ¡Ah!

MANRICO
Ah, vili!
Il rio spettacolo
quasi il respir m'invola! ...
Raduna i nostri, affrettati,
Ruiz... va, toma, vola!

322. ¡Ah, viles!
¡Este cruel espectáculo
casi me quita el respiro! ...
¡Ruiz, reúne a los nuestros,
date prisa, ve, vuela!

Ruiz parte presuroso.

Di quella pira orrendo foco
tutte le fibre m'arse, avvampo!
Empi spegnetela, o ch'io fra poco
con sangue vostro la spegnerò!

¡Esa pira con horrendo fuego hace arder
todas mis fibras, me quema!
¡Impíos, extínganla, o yo
con vuestra sangre la extinguiré!

Era già figlio prima d'amarti
non può frenarmi il tuo martin...
Madre infelice, corro a salvarti...
o teco almeno corro a morir!

A Leonora
Ya era su hijo antes de amarte
no puede frenarme tu martirio...
¡Madre infeliz, corro a salvarte...
o al menos contigo corro a morir!

LEONORA
Non reggo a colpi tanto funesti.
Oh quanto meglio saria morir!

323. No soporto golpes tan funestos.
¡O cuanto mejor sería morir!

MANRICO
Di quella pira l'orrendo foco...

324. De aquella pira el fuego horrendo...

Ruiz regresa con algunos soldados

RUIZ Y SOLDADOS
All'armi, all'armi!

325. ¡A las armas, a las armas!

MANRICO
Madre infelice!

326. ¡Madre infeliz!

RUIZ Y SOLDADOS
All'armi, all'armi!

327. ¡A las armas, a las armas!

MANRICO

Corro a salvarti o teco almen,
almen corro a morir!

328. ¡Corro a salvarte o contigo almenas,
almenas corro a morir!

RUIZ Y SOLDADOS

Eccone presto a pugnar teco.
O teco morir!
All'armi, all'armi

329. Estamos prestos a pelear con ti.
¡O contigo a morir!
¡A las armas, a las armas!

MANRICO

Madre infelice!

330. ¡Madre infeliz!

RUIZ Y SOLDADOS

All'armi, all'armi!

331. ¡A las armas, a las armas!

MANRICO

Corro a salvarti, o teco almen,
O teco almen corro a morir!

332. ¡Corro a salvarte, o contigo almenas,
O corro a morir!

RUIZ Y SOLDADOS

Eccone presto a pugnar teco!
O teco a morir!

333. ¡Estamos prestos a luchar contigo!
¡O contigo a morir!

MANRICO, RUIZ, SOLDADOS

All'armi, all'armi!

334. ¡A las armas, a las armas!

Manrico corre seguido por Ruiz y los soldados,
de afuera llega el ruido del chocar de las armas y del fragor de la batalla.

Cuarta Parte
El Suplicio

Escena I.
Un salón en el palacio de Aliaferia,
en una esquina una torre con ventanas enrejadas. Es una noche obscura.
Dos personas se adelantan envueltas en sendas capas, ellos son Leonora y Ruiz.

RUIZ

Siam giunti, ecco la torre, ove di
Stato gemono i prigionieri...
Ah, l'infelice ivi fu tratto!

335. Estamos cerca, ahí está la torre
donde están los prisioneros de Estado...
¡El infeliz fue traído ahí!

LEONORA

Vanne, lasciami,
Né timor dime ti prenda.
Salvarlo io potrò forse.

336. Vete, déjame,
No tengas temor por mí.
Quizás yo pueda salvarlo.

Ruiz de aleja.

Timor di me?
Sicura, presta è la mia difesa!

¿Temes por mí?
¡Mi defensa está pronta y segura!

Ella mira a su anillo en su dedo.

In quest'oscura notte ravvolta
presso a te son, è tu nol sai!
Gemente aura che intorno spiri,
deh, pietosa gli arreca i miei sospiri.
D'amor sull'ali rosee
vanne sospir dolente,
del prigioniero misero
conforta l'egra mente
com'aura di speranza.
Aleggia in quella stanza,
lo desta alle memorie
ai sogni dell'amor!

Envuelta en la obscuridad de la
noche, estoy cerca de ti y tú no lo sabes.
Aspiro los aires gimientes
en torno a mí que ocasionan mis suspiros.
Sobre las alas rosadas del amor
van los suspiros dolientes,
del pobre prisionero
y le confortan la mente afligida
como brisa de esperanza.
¡Revolotean en esa estancia
y despiertan en su memoria
los sueños del amor!

LEONORA
Ma deh, non dirgli improvvido
le pene del mio cor!

(continuó)
¡Pero no le cuenten
las penas de mi corazón!

Suenan las campanas de la muerte.

CORO
Miserere d'un alma già vicina
alla partenza che non ha ritorno,
Miserere di leí bontà divina,
preda non sia dell'infernal soggiorno.

337. Misericordia para un alma que se
acerca al viaje que no tiene retorno.
Misericordia para él divina bondad,
que él no sea presa del infernal abismo.

LEONORA
Quel suon, quelle preci solenni
funeste, empiron quest'aere di cupo terror!
Contende l'ambascia,
che tutta m'investe!
Al labbro il respiro,
i palpiti al cor!

338. ¡Ese sonido, esos rezos solemnes
y funestos llenen el aire de lóbrego terror!
¡Contienen la angustia
que toda me envuelve!
¡E impiden que mis labios respiren,
y que mi corazón palpite!

MANRICO
Ah, che la morte ognora
è tarda nel venir
a chi desia morir!
Addio, Leonora, addio!

Desde la torre
339. ¡Como es lenta la muerte
y tarda en venir
a quien desea morir!
¡Adiós, Leonora, adiós!

LEONORA
Oh, ciel... sento mancarmi!

340. ¡Oh, cielo... me siento desfallecer!

Se oye el tañír de una campana.

CORO
Miserere d'un'alma già vicina
alla partenza che non ha ritorno
Miserere di lei, bontà divina,
preda non sia dell'infernal soggiorno.

341. Misericordia para un alma ya
cercan al viaje que no tiene retorno.
Misericordia para él,
que no sea presa del infernal abismo.

LEONORA
Sull'orrida torre
Ah, par che la morte
con ali di tenebre
librando si va,
ahi, forse dischiuse
gli fian queste porte

342. En la horrible torre
parece que la muerte
con alas tenebrosas
meciéndose va,
ah, esas puertas
le serán abiertas

LEONORA
sol quando cadaver
già freddo sarà.

(continuó)
solo cuando ya sea un
frío cadáver.

CORO
Miserere, miserere!

343. ¡Misericordia, misericordia!

MANRICO
Sconto col sangue mio
l'amor ch'io posi in te!
Non ti scordar di me
Leonora addio!

344. ¡Pago con mi sangre
el amor que deposité en ti!
¡No me olvides
Leonora, adiós!

LEONORA
Di te scordarmi? ...
Sento mancarmi.
Di te scordarmi? ...

345. ¿Olvidarme de ti? ...
Me siento desfallecer.
¿Olvidarme de ti? ...

MANRICO
Sconto col sangue mio...

346. He pagado con mi sangre...

CORO
Miserere, miserere...

347. Misericordia, misericordia...

LEONORA
Di te scordarmi!
Tu vedrai che amore in terra
mai del mio non fu più forte.
Vinse il fato in aspra guerra
vincerà la stessa morte.
O col prezzo di mia vita
la tua vita salverò...
O con te per sempre unita
nella tomba scenderò!
Tu vedrai che amor in terra...

348. ¡Olvidarme de ti!
Tu veras que jamás en la ti hubo
amor más fuerte que el mío.
Si vencí al destino en as
pera guerra, venceré a la misma muerte
O con el precio de mi vida,
tu vida, salvaré...
¡O contigo por siempre unida
a la tumba descenderé!
Tu verás que amor en la tierra...

Se abre una puerta, ei Conde aparece con algunos hombres.
Leonora se hace a un lado, fuera de su vista.

CONDE
Udiste? Come albeggi,
la scure al figlio,
y alla madre il rogo.

349. ¿Oíste? Al amanecer,
el hacha para el hijo,
y la madre a la, hoguera.

Los secuaces entran a la torre.

CONDE Abuso forse quel poter che pieno in me trasmise il prence! A tal mi traggi, donna per me funesta! Ov'ella mai? Ripreso Castellor, di lei contezza non ebbi, è furo indarno tante ricerche è tante! Ah, dove sei, crudele?		*(continuó)* ¡Quizás abuso del poder pleno que me otorgó el príncipe! ¡Tú me obligaste a esto, mujer para mi funesta! ¿En dónde está? ¡Castellor fue capturado, pero no hay señas de ella y nuestra búsqueda ha sido en vano! ¿En dónde estás cruel mujer?
LEONORA A te davante.	350.	*Avanzando* Enfrente de ti.
CONDE Qual voce! ... Oh! ... Tu donna?	351.	¡Esa voz! ... ¡Oh! ... ¿Tu mujer?
LEONORA Il vedi.	352.	Tú la ves.
CONDE A che venisti?	353.	¿A qué viniste?
LEONORA Egli è già presso all'ora estrema è tu lo chiedi?	354.	¿Él está ya preso, en su últimas horas, así lo quieres?
CONDE Osar potresti?	355.	¿Te atreverías?
LEONORA Ah sì, per esso pietà, pietà domando...	356.	Ah, sí, por él te pido piedad...
CONDE Che, tu deliri!	357.	¡Tú deliras!
LEONORA Pietà!	358.	¡Piedad!
CONDE Tu deliri, ah! Io del rival sentir pietà?	359.	¡Tú deliras! ¿Yo sentir piedad del rival?
LEONORA Clemente Nume a te l'ispiri...	360.	Que la clemencia de Dios te inspire...

CONDE
E sol vendetta mio Nume.

361. La única venganza es mi Dios.

LEONORA
Pietà, pietà!
Domando pietà!

362. ¡Piedad, piedad!
¡Pido piedad!

CONDE
Va! Va!

363. ¡Vete, vete!

LEONORA
Mira di acerbe lagrime
spargo al tuo piede un rio,
non basta il pianto?
Svenami, ti bevi il sangue mio
Calpesta il mio cadavere
ma salva il Trovator!

Se arroja desesperada a sus pies.

364. ¿Mira mis amargas lágrimas
que hacen un rio a tus pies,
no basta el llanto?
¡Mátame y bebe mi sangre
Pisotea mi cadáver
pero salva al Trovador!

CONDE
Ah, dell'indegno rendere
vorrei peggior la sorte
fra mille atroci spasmi
centuplicar sua morte...

365. Quieres hacer peor la suerte
del indigno
entre mil atroces espasmos
centuplicar su muerte...

LEONORA
Svenami...

366. Mátame...

CONDE
Più l'ami, è più terribile
divampa il mio furor...

367. Entre más lo ames más terrible
se enciende mi furia...

LEONORA
Calpesta il mio cadavere
ma salva il Trovator!

368. ¡Pisotea mi cadáver
pero salva al Trovador!

CONDE
Più l'ami, è più terribili
divampa il mio furor...

369. Entre más lo ames, más terrible
se enciende mi furia...

LEONORA
Mi svena, mi svena,
calpesta il mio cadavere,
ma salva il Trovator!

370. ¡Mátame, mátame,
pisotea mi cadáver,
pero salva al Trovador!

El Conde se dá vuelta para retirarse pero Leonora lo detiene.

LEONORA Conte!	371.	¡Conde!
CONDE Ne basta?	372.	¡Basta!
LEONORA Grazia!	373.	¡Gracia!
CONDE Prezzo non havvi alcuno ad ottenerla... Scostati.	374.	No hay precio alguno para obtenerla... Apártate...
LEONORA Uno ve n'ha... sol uno! Ed io... te l'offro.	375.	¡Solo hay un precio, solo uno! Y yo... te lo ofrezco.
CONDE Spiegati, qual prezzo, di?	376.	¿Explícate, cual precio?
LEONORA Me stessa!	377.	¡Yo misma!
CONDE Ciel! Tu dicesti?	378.	¿Cielos! ¿Tú dices?
LEONORA E compiere saprò la mia promessa.	379.	Y sabré cumplir mi promesa.
CONDE E sogno il mio?	380.	¿Es esto un sueño?
LEONORA Dischiudimi la via fra quelle mura... ch'ei m'oda... che la vittima fugga, è son tua.	381.	Ábreme la puerta de esos muros... que él me oiga... que la víctima huya y soy tuya.
CONDE Lo giura.	382.	Júralo.
LEONORA Lo giuro a Dio, che l'anima tutta mi vede!	383.	¡Lo juro ante Dios, que mira toda mi alma!

CONDE

Ola?

384. ¿Hola?

Se presenta un guardia el Conde le murmura algo al oido.

LEONORA

M'avrai, ma fredda, esanime
Spoglia...

Toma el veneno escondido en su anillo.

385. Me tendrá, pero fría y exánime
Muerta...

CONDE

Colui vivrà.

386. El vivirá.

LEONORA

Vivrà! ... Contende il giubilo
i detti a me, Signore...
Ma coi frequenti palpiti
mercé ti rende il core!
Or il mio fine, impavida
piena di gioia attendo...
Potrò dirgli morendo:
Salvo tu sei per me.

Para si

387. ¡Vivirá! ... Contén mis jubilosas
palabras Señor...
¡Pero con el palpitar de mi corazón
te doy las gracias!
Ahora, espero mi final, impávida
y llena de alegría...
Al morir podre decirle:
Yo te he salvado.

CONDE

Fra te che parli? ... Volgimi,
mi volgi il detto ancora,
o mi parrà delirio
quanto ascoltai finora.
Tu mia!

388. ¿Qué hablas para ti? ... Repítelo,
repíteme tus palabras,
o yo pensaré que es delirio
lo que he escuchado hasta ahora.
¡Tú eres mía!

LEONORA

Vivrà!

389. ¡Vivirá!

CONDE

Tu mia! ... Ripetilo! ...
Il dubbio cor serena.
Ah, ch'io lo creda appena,
udendolo da te!

390. ¡Tú mía! ... ¡Repítelo! ...
Y serena a mi corazón incierto.
¡Apenas puedo creerlo
oyéndolo de tú!

LEONORA

Vivrà! ... Contende il giubilo...

391. ¡Vivirá! ... Contén tu júbilo...

CONDE

Tu mia, tu mia!

392. ¡Tú mía, tu mía!

LEONORA
Salvo tu sei per me...
Andiam.

393. Yo te he salvado...
Vamos.

CONDE
Giurasti.

394. Tú juraste.

LEONORA
Andiam.

395. Vamos.

CONDE
Pensaci!

396. ¡Recuerda!

LEONORA
È sacra la mia fa!
Vivrà! ... Contende il giubilo...

397. ¡Mi juramento es sagrado!
¡Vivirá! ... Contén tu júbilo...

CONDE
Tu mia, tu mia!

398. ¡Tú mía, tu mía!

Entran a la torre.

Escena II.
La horrible carcel: en una esquina una ventana enrejada
una puerta al fondo, una debil luz cuelga dei techo.
Azucena yace en un rústico camastro.
Manrico sentado a su lado.

MANRICO
Madre, non dormi?

399. ¿Madre, no duermes?

AZUCENA
L'invocai più volte,
ma fugge il sonno a queste luci!
Prego.

400. ¡He invocado al sueño
muchas veces pero no llega!
Yo rezo.

MANRICO
L'aura fredda è molesta
alle tue membra forse?

401. ¿El aire frío es molesto
para tus piernas?

AZUCENA
No, da questa tomba di vivi
solo fuggir vorrei,
perché sento il respiro soffocarmi...

402. No, de ésta tumba para vivos
solo huir quisiera,
porque me siento sofocada...

MANRICO
Fuggir!

403. ¡Huir!

AZUCENA
Non attristarti.
far di me strazio
non potranno i crudi!

404. No te entristezcas.
¡No podrán atormentarme
éstos rufianes!

MANRICO
Ahi, come?

405. ¿Y cómo?

AZUCENA
Vedi? ... Le sue fosche impronte
m'ha già segnato in fronte
il dito della morte!

406. ¿Ves? ... ¡El dedo de la muerte
ha dejado
su huella en mi frente!

MANRICO
Ahi!

407. ¡Ah!

AZUCENA
Troveranno un cadavere muto,
gelido, anzi uno scheletro!

408. ¡Encontrarán un cadáver mudo
frio, más bien un esqueleto!

MANRICO
Cessa!

409. ¡Calla!

AZUCENA
Non odi? ... Gente appresa...
I carnefici son!
Vogliono al rogo trarmi!
Difendi la tua madre!

410. ¿Oyes? ... Se acerca gente...
¡Son los verdugos!
¡Querrán arrojarme a la hoguera!
¡Defiende a tu madre!

MANRICO
Alcuno, ti rassicura...

411. Viene alguien, asegúrate...

AZUCENA
Il rogo!

412. ¡La hoguera!

MANRICO
Alcuno qui non volge.

413. No viene nadie.

AZUCENA
Il rogo, il rogo!
Parola orrenda!

414. ¡La hoguera, la hoguera!
¡Palabra horrenda!

MANRICO
Oh madre, oh madre!

415. ¡Oh madre, oh madre!

AZUCENA
Un giorno
turba feroce l'ava tua
condusse al rogo!
Mira la terribile vampa!
Ella né tocca già!
Già l'arso crine
al ciel manda faville!
Osserva le pupille
fuor dell'orbita loro!
Ahi, chi mi toglie
a spettacol si atroce!

416. ¡Un día
la turba feroz condujo a tu
abuela a la hoguera!
¡Mira las terribles flamas
que ya la tocan!
¡Ya se le quema el cabello
y manda chispas al cielo!
¡Observa las pupilas
ya afuera de sus órbitas!
¡Ah, quítenme
de éste atroz espectáculo!

Cae convulsa en los brazos de Manrico.

MANRICO
Se m'ami ancor, se voce
di figlio ha possa d'una madre
in seno, ai terrori dell'alma
oblio cerca nel sonno,
e posa e calma.

417. Si aún me amas si la voz de
un hijo tiene poder en el seno
de una madre, busca los terrores
del alma, olvídalos en el sueño,
y posa en calma.

La lleva al camastro.

AZUCENA
Si, la stanchezza m'opprime, o figlio
alla quiete io chiudo il ciglio
ma se del rogo arder si veda
l'orrida fiamma, destami allor.

418. Si, el cansancio me oprime oh hijo,
en reposo cierro los ojos
pero si ves arder las llamas
de la pira, despiértame.

MANRICO
Riposa, o madre, Iddio conceda
men tristi immagini
al tuo sopor.

419. Descansa oh madre, que Dios
te conceda no mirar esas imágenes
en tu sueño.

AZUCENA
Ai nostri monti ritorneremo,
l'antica pace ivi godremo!
Tu canterai sul tuo liuto...
In sonno placido io dormirò...

Medio dormida
420. ¡A nuestras montañas retornaremos
la antigua paz ahí gozaremos!
Tu cantarás con tu laúd...
Yo dormiré plácidamente...

MANRICO
Riposa o madre,
io prono è muto
la mente al cielo rivolgerò.

421. Descansa oh madre,
yo me arrodillo en silencio
y al cielo elevaré mis ruegos.

AZUCENA
Tu canterai sul tuo lïuto...
In sonno placido io dormirò.

422. Tú cantarás con tu laúd...
Yo dormiré plácidamente.

MANRICO
La mente al cielo rivolgerò.

423. Al cielo elevaré mis ruegos.

AZUCENA
Tu canterai sul tuo lïuto
In sonno placido io dormirò.

424. Tu cantarás con tu laúd
yo dormiré plácidamente.

MANRICO
La mente al cielo rivolgerò.

425. Al cielo elevaré mis ruegos.

AZUCENA
Io dormirò...

426. Yo dormiré...

MANRICO
Riposa o madre...

427. Descansa oh madre...

Azucena poco a poco cae dormida.
Manrico sigue arrodillado a su lado.
Se abre la puerta, entra Leonora.

MANRICO
Che! ... Non m'inganna quel fioco lume?

428. ¡Que! ... ¿Ésta pálida luz no me engaña?

LEONORA
Son io, Manrico...
Manrico!

429. Soy yo, Manrico...
¡Manrico!

MANRICO
Oh, mia Leonora!
Ah mi concedi, pietoso Nume,
gioia si grande, anzi ch'io mora.

430. ¡Oh, Leonora mía!
Ah, Dios piadoso me concede
una gran alegría antes de morir.

LEONORA
Tu non morrai.
Vengo a salvarti...

431. Tú no morirás.
Vengo a salvarte...

MANRICO
Come a salvarmi?
Fia vero?

432. ¿A salvarme?
¿Será verdad?

LEONORA
Addio!
Tronca ogn'indugio...
T'affretta... Parti!

433. ¡Adiós!
No te demores, vete...
apresúrate... ¡Vete!

Apunta hacia la puerta.

MANRICO
E tu non vieni?

434. ¿Y tú no vienes?

LEONORA
Restar degg'io!

435. ¡Debo quedarme!

MANRICO
Restar!

436. ¡Quedarte!

LEONORA
Deh! ... Fuggi! ...

437. ¡Vete!

MANRICO
No!

438. ¡No!

LEONORA
La tua vita!

439. ¡Es tu vida!

MANRICO
Io la disprezzo!

440. ¡Yo la desprecio!

LEONORA
Parti, parti!

441. ¡Vete, vete!

MANRICO
No!

442. ¡No!

LEONORA
La tua vita!

443. ¡Es tu vida!

MANRICO
Io la disprezzo... Pur...
Figgi, o donna, in me gli sguardi
da chi l'avesti?
Ed a qual prezzo?

444. Yo la desprecio... Pero...
¿Mírame, mujer, mírame
de quién lo obtuviste?
¿Y a qué precio?

MANRICO
Parlar non vuoi?
Balen tremendo!
Dal mio rivale! ... Intendo, intendo! ...
Ha quest'infame
l'amor venduto...

(continuó)
¿No quieres hablar?
¡Se me ocurre algo tremendo!
¡De mi rival! ... ¡Entiendo, entiendo! ...
Ah, ésta infame ha vendido
su amor...

LEONORA
Oh, quant'ingiusto!

445. ¡Oh, qué injusto!

MANRICO
Venduto un core che mio giurò.

446. Vendió el corazón que juró que era mío.

LEONORA
Oh, come l'ira ti rende cieco!
Oh quanto ingiusto
Crudel sei meco!

447. ¡Cuánta ira te ciega!
¡Oh, qué injusto
Eres cruel conmigo!

MANRICO
Infame!

448. ¡Infame!

LEONORA
T'arrendi, fuggi,
O sei perduto
Nemmeno il cielo salvar ti può...

449. Date prisa, huye,
O estaros perdido
ni el cielo te podrá salvar...

MANRICO
Ha quest'infame
l'amor venduto.

450. Esta infame
vendió su amor.

LEONORA
Oh, come l'ira
ti rende cieco!

451. ¡Tanta ira
te deja ciego!

MANRICO
Venduto un core che mi giurò!

452. ¡Vendió, el corazón que me juró!

LEONORA
Oh, come l'ira
ti rende cieco!
Oh, quanto ingiusto,
crudel sei meco.
T'arrendi, fuggi
O sei perduto
nemmeno il cielo salvar ti può.

453. ¡Oh, tanta ira
te deja ciego!
Oh qué injusto,
y cruel eres conmigo.
No te quedes, huye
O estaros perdido
ni el cielo podrá salvarte.

MANRICO
Infame!
Ha questo infame
venduto amor che mi giurò!

454. ¡Infame!
¡Esta infame
vendió el amor que me juró!

AZUCENA
Ah!

455. ¡Ah!

AZUCENA
Ai nostri monti ritorneremo,
L'antica pace ivi godremo.

456. A nuestra montaña retornaremos
De la antigua paz gozaremos.

LEONORA
Ah, fuggi, fuggi.

457. Ah, huye, huye.

MANRICO
No!

458. ¡No!

LEONORA
O sei perduto
nemmeno il cielo
salvar ti può.

459. Estás perdido
ni el cielo
podrá salvarte.

MANRICO
L'amore venduto.

460. El amor vendido.

LEONORA
Ah, fuggi, fuggi.

461. Huye, huye.

AZUCENA
In sonno placido io dormirò...

462. Dormiré plácidamente...

MANRICO
Venduto un cor che mi giuro...

463. Vendido el corazón que me juró...

Leonora cae a los pies de Manrico

MANRICO
Ti scosta!

464. ¡Déjame!

LEONORA
Non respingermi... Vedi?
Languente, oppressa, io manco...

465. No me rechaces... ¿Ves?
Lánguida, oprimida, me desvanezco...

MANRICO
Va... t'abbomino,
ti maledico...

466. Vete... te abomino,
te maldigo...

LEONORA Ah, taci, taci! Non d'imprecar, di volgere per me la prece a Dio è questa l'ora!	467.	¡Calla, calla! ¡No es momento para imprecaciones, es la hora de pedir a Dios por mí!
MANRICO Un brivido corse nel petto mio...	468.	Un escalofrió corre por mi pecho...
LEONORA Manrico!	469.	*Cae hacia adelante* ¡Manrico!
MANRICO Donna... svelami... narra...	470.	*Apurándose a levantarla* Mujer... cuéntame... explícame...
LEONORA Ho la morte in seno.	471.	En mi seno tengo la muerte.
MANRICO La morte!	472.	¡La muerte!
LEONORA Ah, fu più rapida la forza del veleno ch'io non pensava!	473.	¡Ah, fue más rápida de lo que pensé la fuerza del veneno!
MANRICO Oh, fulmine!	474.	¡Gran dios!
LEONORA Senti... la mano è gelo.	475.	Siente... mi mano es de hielo.
		Tocándose el pecho.
Ma qui, qui, foco terribile arde!		¡Pero aquí el fuego arde terrible!
MANRICO Che festi, o cielo!	476.	¡Qué hiciste, o cielo!
LEONORA Prima che d'altri vivere, io volli tua morir!	477.	¡Antes de vivir para otro quiero morir siendo tuya!
MANRICO Insano! ... Ed io quest'angelo osava maledir!	478.	¡Loco! ... ¡Y yo que a éste ángel osé maldecir!

LEONORA
Più non resisto!
479. ¡No resisto más!

MANRICO
Ahi misera!
480. ¡Pobre de ti!

LEONORA
Ecco l'istante! ... Io moro...
481. Llegó el instante... yo muero...

Mueve su mano en señal de adiós.
Entra el Conde y se detiene en el umbral.

Manrico!
¡Manrico!

MANRICO
Ciel!
482. ¡Cielo!

CONDE
Ah!
483. ¡Ah!

LEONORA
Or la tua grazia,
Padre del cielo, imploro.
484. Ahora imploro tu gracia
Padre del cielo.

CONDE
Ah, volle me deludere
è per costui morir!
485. ¡Ah, querías engañarme
y morir por él!

LEONORA
Prima che d'altri vivere
io volli tua morir!
486. ¡Antes que vivir para otro
quiero morir siendo tuya!

MANRICO
Insano! Ed io quest'angelo
osava maledir!
487. ¡Loco! ¡Y yo que a éste ángel
osé maldecir!

CONDE
Ah, volle me deludere
è per costui morir!
488. ¡Ah, me querías engañar
y por él morir!

LEONORA
Prima che d'altri vivere...
489. Antes que vivir para otro...

MANRICO
Ed io quest'angelo...
490. Y yo a éste ángel...

CONDE
Ah, volle me deludere...

491. Me querías engañar...

LEONORA
Manrico!

492. ¡Manrico!

MANRICO
Leonora!

493. ¡Leonora!

LEONORA
Addio... io moro...

494. Adiós... yo muero...

Leonora muere.

CONDE
Sia tratto al ceppo!

A los guardias
495. ¡Llévenlo a su ejecución!

MANRICO
Madre, oh madre addio!

496. ¡Madre, oh madre adiós!

AZUCENA
Manrico! ...
Ov'è mio figlio?

497. ¡Manrico! ...
¿En dónde está mi hijo?

CONDE
A morte corre...

498. Corre hacia la muerte...

AZUCENA
Ah, ferma! ... M'odi?

499. ¡Espera!... ¿Ne oyes?

El Conde la lleva a la ventana.

CONDE
Vedi?

500. ¿Ves?

AZUCENA
Cielo!

501. ¡Cielo!

CONDE
È spento!

502. ¡Está muerto!

AZUCENA
Egli era tuo fratello!

503. ¡Él era tu hermano!

CONDE
Ei! ... Quale orror!

504. ¡El! ... ¡Qué horror!

AZUCENA
Sei vendicata, o madre!

505. ¡Has sido vengada, oh madre!

CONDE
E vivo ancor!

Estremeciéndose
506. ¡Y aún vivo!

FIN

Biografía de Giuseppe Verdi

Giuseppe Verdi nació en el seno de una familia muy modesta, el 10 de Octubre de 1813 en una pequeña población llamada Le Roncole perteneciente al Ducado de Parma en el norte de Italia, en ese entonces bajo el dominio de Napoleón.

Verdi contó desde muy joven con la protección de Antonio Barezzi, un comerciante de Busseto, pueblo vecino a Le Roncole, quien creyó en el potencial musical del joven. Gracias a su apoyo, Verdi pudo desplazarse a Milán con la intención de ingresar como estudiante al Conservatorio cosa que no logró debido a obstáculos burocráticos.

Durante 18 meses de la educación musical de Verdi, en Milán, quien se desempeñó en forma brillante como estudiante.

Sin embargo, por recomendación de Antonio Barezzi, el maestro Vincenzo Lavigna se hizo cargo durante 18 meses de la educación musical de Verdi, en Milán, quien se desempeñó en forma brillante como estudiante.

El 4 de Mayo de 1836, Verdi y Margherita, hija de Antonio Barezzi contrajeron nupcias, ambos tenían 23 años. El 23 de Marzo de 1837, Margherita dio a luz una niña que fue bautizada con el nombre de Virginia Maria Luigia.

En 1836, Verdi fue nombrado Maestro de Música de Busseto y un año después, en Milán, estrenó su primera ópera Oberto Conte di San Bonifacio que resultó todo un éxito y le procuró un contrato con el Teatro alla Scala. El 11 de Julio de 1836 nació el segundo hijo de Margherita, lo llamaron Icilio, Romano, Carlo, Antonio.

En 1840, comenzaron las desgracias en la vida de Verdi, primero enfermó su hijo y falleció, pocos días después, la niña también enfermó gravemente y murió y por último en los primeros días de Junio, Margherita contrajo la encefalitis y también falleció.

Todo esto sumió a Verdi en una profunda depresión que estuvo a punto de hacerlo abandonar su carrera musical. En esos días Ricordi su editor, le mostró el libreto de *Nabucco* que le devolvió su interés por la composición.

El 9 de Marzo de 1842 Verdi estrenó *Nabucco* en el Teatro alla Scala, el estreno constituyó un gran éxito y fue su consagración como compositor.

Durante los ensayos de *Nabucco,* Verdi conoció a Giuseppina Strepponi la protagonista de la ópera, que se convirtió en su pareja y con quien se casó en 1859 y vivió con ella hasta 1897 año en que ella murió.

Verdi escribió un total de 27 óperas, una misa de *Requiem,* un *Te Deum,* el *Himno de las Naciones,* obras para piano, para flauta, y otras obras sacras.

Verdi dejó su cuantiosa fortuna para el establecimiento de una casa de reposo para músicos jubilados que llevaría por nombre La Casa Verdi, en Milán que es en donde se encuentra enterrado junto con Giuseppina.

Verdi falleció en Milán, de un derrame cerebral el 27 de Enero de 1901 a los 88 años de edad. Su entierro causó una gran conmoción popular y al paso del cortejo fúnebre el público entonó el coro de los esclavos de *Nabucco* "*Va pensiero sull ali dorate.*"

Óperas de Verdi

Aida	*La Battaglia di Legnano*
Alzira	*La Forza del Destino*
Attila	*La Traviata*
Don Carlo	*Luisa Miller*
Ernani	*Macbeth*
Falstaff	*Nabucco*
Giovanna D'Arco	*Oberto Conte di San Bonifacio*
I Due Foscari	*Otello*
I Lombardi	*Rigoletto*
I Masnadieri	*Simon Boccanegra*
I Vespri Siciliani	*Stiffelio*
Il Corsaro	*Un Ballo in Maschera*
Il Re Lear	*Un Giorno de Regno*
Il Trovatore	

Acerca de Estas Traducciones

El Dr. Eduardo Enrique Prado Alcalá nació en 1937 en el norte de México, estudió la carrera de medicina y se especializó en cáncer ginecológico y cáncer de mama.

Ejerció su carrera durante 40 años y finalmente llegó a la edad del retiro.

Desde la edad de 42 años, se hizo aficionado a la ópera y a la música clásica y formó parte de un grupo de amigos aficionados a estas disciplinas. Tuvo la oportunidad de asistir a funciones operísticas en la Ciudad de México, en Guadalajara México, en Toluca México, en Mazatlán México, en Seattle, en Madrid y en Londres. Organizó en la Ciudad de Mazatlán tres conciertos de música clásica, uno de ellos en la catedral.

Jugum Press y Ópera en Español

Prensa publica estas traducciones de ópera por Dr. E.Enrique Prado:

Vincenzo Bellini:
Norma

Georges Bizet:
Carmen

Gaetano Donizetti:
Anna Bolena, Don Pasquale, Lucia di Lammermoor, Lucrezia Borgia

Ruggero Leoncavallo:
I Pagliacci

Pietro Mascagni:
Cavalleria Rusticana

Wolfgang Amadeus Mozart:
Die Zauberflöte, Don Giovanni, Le Nozze di Figaro

Giacomo Puccini:
La Boheme, La Fanciulla del West, Madama Butterfly, Manon Lescaut, Tosca
El Tríptico: *Gianni Schicchi, Suor Angelica, Il Tabarro*

Giacchino Rossini:
Il Barbiere Di Siviglia, La Cenerentola

Giuseppe Verdi:
Aida, Un Ballo in Maschera, Don Carlo, Ernani, Falstaff, La Forza del Destino, I Lombardi, Macbeth, Nabucco, Otello, Rigoletto, Simon Boccanegra, La Traviata, Il Trovatore

Para información y disponibilidad, por favor vea
www.operaenespanol.com
Correo: JugumPress@outlook.com
Síganos en Twitter: @jugumpress
Regístrate para nuestras noticias: http://eepurl.com/5m7tj

www.ingramcontent.com/pod-product-compliance
Lightning Source LLC
Chambersburg PA
CBHW081259040426
42452CB00014B/2572

* 9 7 8 1 9 3 9 4 2 3 5 4 2 *